eビジネス新書

No.347

週刊東洋経済

三菱 今昔

150年目の名門財閥

週刊東洋経済 eビジネス新書 No.347

三菱今昔 150年目の名門財閥

本書は、東洋経済新報社刊『週刊東洋経済』2020年3月21日号より抜粋、加筆修正のうえ制作しています。情報は底本編集当時のものです。（標準読了時間 90分）

三菱今昔 150年目の名門財閥 目次

三菱　名門財閥の巨大経済圏

1870年の創業から2020年で150周年を迎える名門財閥、三菱。明治以降の新興財閥は安田、古河、浅野など数多くあったが、三菱の存在感は他を圧倒している。江戸時代から連綿と事業を展開していたライバル、三井、住友と比べても、その実力は一頭地を抜いている。

主要27社の社長、会長からなる「三菱金曜会」を、1つの「大三菱会社」として見立てた場合、その経済規模はどのくらいになるだろうか。

例えば売上高。銀行、生損保、商社、不動産、総合電機、産業機械、化学といった主要産業にグループ傘下の企業を擁する結果、大三菱の連結売上高（金融は経常収益）は69・3兆円となる。「大三井」の42・3兆円、「大住友」の36・9兆円を上回る。また連結従業員数は87万884人、連結子会社数（非上場は除く）は4521社に上る。

さらにバランスシートを算出すると、現預金が80・8兆円、土地・建物が19・9兆円、利益剰余金が27・5兆円となる。資産、負債・純資産計は432・9兆円で、国の670・5兆円と比べると三菱の資産規模の大きさがわかる。

株式時価総額も32・4兆円と三井、住友はもちろん、国内1位のトヨタ自動車を超える。三菱UFJフィナンシャル・グループ（FG）や三菱商事、東京海上ホールディングス（HD）、三菱電機、三菱地所は時価総額ランキングで50位以内に入るなど、上場企業の中でも有数の時価総額の企業を持つ。

売上高、利益ともに三井、住友グループを上回る

3大財閥グループの業績

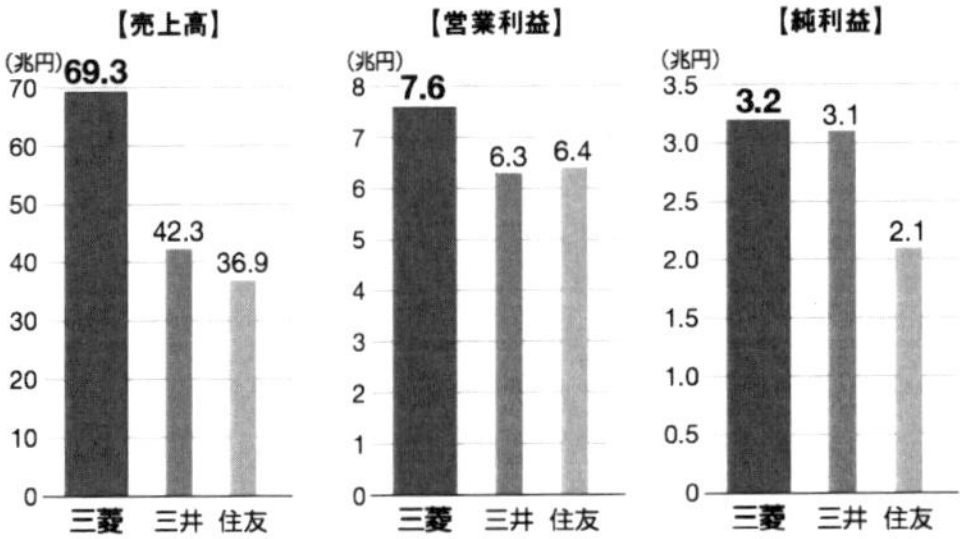

(注)2019年3月期、キリンホールディングス、AGC、住友ゴム工業は19年12月期。金融機関については経常収益を売上高、経常利益を営業利益とした

全上場企業の業績に三菱グループが占める割合

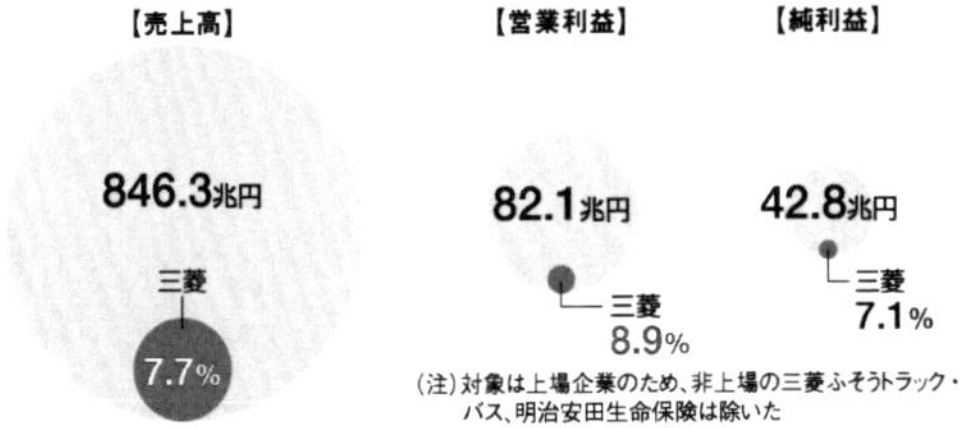

(注)対象は上場企業のため、非上場の三菱ふそうトラック・バス、明治安田生命保険は除いた

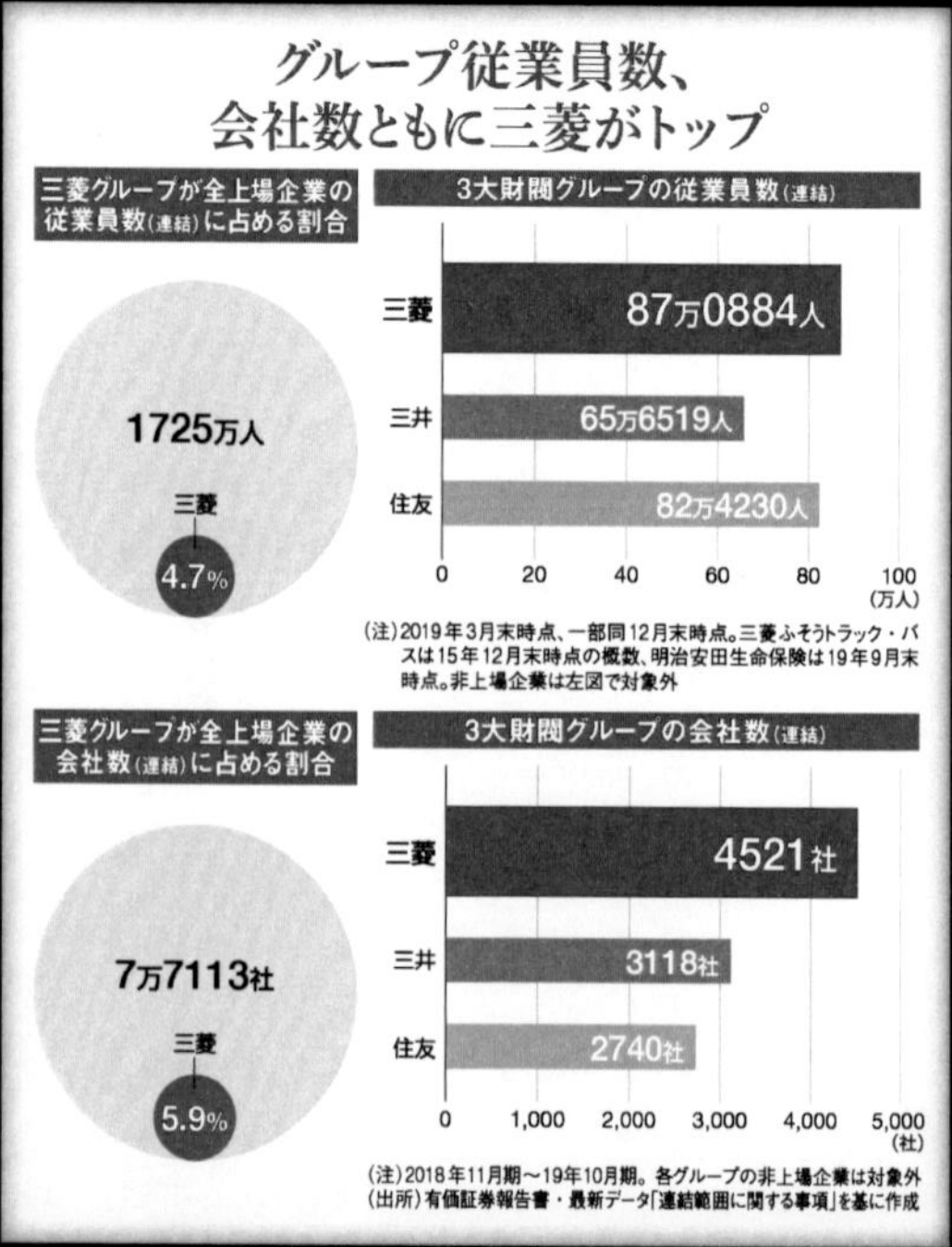

（注）2019年3月末時点、一部同12月末時点。三菱ふそうトラック・バスは15年12月末時点の概数、明治安田生命保険は19年9月末時点。非上場企業は左図で対象外

（注）2018年11月期～19年10月期。各グループの非上場企業は対象外
（出所）有価証券報告書・最新データ「連結範囲に関する事項」を基に作成

（注）三菱グループは金曜会所属の27社、三井グループは二木会所属の24社、住友グループは白水会所属の19社。トヨタ自動車は三井グループの二木会所属企業であるが、オブザーバーのため同グループから除外

75年が大きな節目

土佐藩の下級武士出身の岩崎彌太郎が創業した三菱は海運を祖業として業態を広げていく。彌太郎は早く亡くなったが、その後も岩崎家が社長として明治、大正、昭和（第2次世界大戦終戦直後まで）の経営を担った。

中でも1916年に社長になった4代目の小彌太は、約30年その任を務め、商社や航空機、電機や自動車など多数の事業に参入。また各部門をまとめる心得として「三綱領」を定めた。「所期奉公」「処事光明」「立業貿易」の3つからなり、三菱を支えるアイデンティティーの基礎をつくった。三綱領は英文にも訳されており、海外の従業員を含めて今もグループ全体で共有されている。

【三綱領】
「所期奉公」… 事業を通じて社会への貢献を図る
「処事光明」… 公明正大で品格のある行動を取る

戦前、戦中を通じて最強財閥となった三菱だが、その歩みはずっと順風満帆だったわけではない。最大の転換点は第2次世界大戦だ。日本の敗戦とともに財閥解体の憂き目に遭い、三井、住友と同じく三菱本社は解体された。その結果、現在のような、各社に分かれて三菱の名を受け継ぐ体制となった。

会社としてはバラバラになった今でも、三井、住友と比べて三菱の結束は固い。月に一度、グループ各社のトップが集まる三菱金曜会が存在する。「スリーダイヤのブランドを傷つけないよう、各社で真剣に話し合っている」(金曜会に参加する現役トップ)という。さらにグループ各社の主要株主には三菱UFJ銀行や明治安田生命保険、三菱重工業といった三菱系企業が名を連ねるなど、株を持ち合う構図がまだ残っている。

明治からの三菱の歴史を振り返ると、75年という期間が1つの節目であることがわかる。創業から75年後に敗戦を迎え本体が解散、その後75年は昭和の高度経済成長、平成のバブル経済崩壊を駆け抜けた。

歴史の流れとともに、最強集団としての地位を強固にしてきた三菱。かつてないグローバル化やデジタル化という令和の荒波を前に、150年目という節目に立った名門財閥はどこへ向かうのか。三菱の今に迫る。

（林　哲矢）

産業の重化学工業化に伴い事業を多角化

三菱150年史早わかり年表

社長 （）内は社長就任時期

社長	事業の多角化	年	主な出来事	同時代の出来事
	海運（1870） 鉱業（71）	1870	九十九商会を大阪に設立	
		73	三菱商会と改称	
岩崎彌太郎（1873-85）	金融（76）	74	本拠地を東京・南茅場町に移転 日本の台湾出兵に際し、軍事輸送を担う （三菱蒸気船会社へ改称）	74▶台湾出兵
	損害保険（79）	75	上海定期航路開設、「郵便汽船 三菱会社」に	
	生命保険（81）	81	政治家・後藤象二郎から高島炭鉱を譲受	82▶日本銀行開業
	造船（84）	84	長崎造船所を借り受ける	
		85	2代目の彌之助が社長に。日本郵船を設立（34歳）	
1885年				
彌之助（1885-93）		86	三菱社を設立	
	倉庫（87）	87	長崎造船所が政府から払い下げられる	89▶大日本帝国憲法の発布
	石油（88）	90	丸の内の官有地を買い取る	91▶上野・青森間で鉄道が開通
		93	三菱合資会社誕生、3代目の久彌が社長に（29歳）	
1893年				
久彌（1893-1916）		95	三菱合資会社に銀行部	
	ビール（1907）	94	丸の内に「三菱一号館」が竣工	94▶日清戦争開始
	ガラス（07）	1908	事業部別独立採算制度を導入	04▶日露戦争開始
		14	三菱を商標登録	14▶第1次世界大戦開始
		16	久彌が社長退任、いとこの小彌太が社長に（37歳）	
1916年				
小彌太（1916-45）	航空機（20） 商社（18）	17	各事業を分社化	
	電機（21） 信託（27）	23	丸ビル竣工	23▶関東大震災
	自動車（21） 化学（34）	37	株式会社三菱社が誕生	31▶満州事変
	製鋼（37） 不動産（37）	43	三菱本社に改称	36▶二・二六事件
		45	終戦、財閥解体指令、小彌太憤死（66歳）	41〜45▶太平洋戦争、終戦
1945年	財閥解体指令！			
		46	三菱本社が解散	
		47	三菱商事が解散し、174社に分割	
		48	三菱銀行、三菱信託が商号変更	
		50	三菱重工業が3社に分割	52▶サンフランシスコ平和条約、財閥の商号や商標の使用が可能に
		54	三菱系主要企業トップが集まる「金曜会」発足、三菱商事が統合	
		64	三菱重工業が合併	64▶東京オリンピック
		70	三菱創業100周年	72▶日中国交正常化
		98	三菱地所による丸の内の再開発開始	
		2000	三菱自動車のリコール隠しが初発覚	
		02	丸ビルが再建	11▶東日本大震災
		16	三菱自動車が日産の傘下に	20▶東京オリンピック・パラリンピック（延期）
2020年		20	150周年	

三菱創業100周年で記者会見を受ける「御三家」首脳

（注）「事業の多角化」において▭は重化学工業を指す。（）内の数字は事業に参入した年で、企業の設立年とは必ずしも一致しない

土佐の「地下浪人」から最強財閥へ

岩崎4代の偉業と末裔の今

ジャーナリスト・國貞文隆

「寛彌（ひろや）とは結構親しくてね。土佐の彌太郎の血を引き継いだせいか、酒にも強くて。酔って目が据わってくると、怖いから逃げるんです（笑）。でも、財閥家の当主として帝王学を受けて育った魅力的な人でした。仕事ではキレ者ぶりを発揮し、もし一国一城の主だったら、必ず何事かを成し遂げていたと思いますよ」

2018年に亡くなった、古河財閥創業家5代目当主の古河潤之助氏から、かつてそう聞いたことがある。岩崎彌太郎直系の本家当主で、元三菱銀行取締役の岩崎寛彌氏は、2008年に死去している。生前は、酒好きとして知られ、夕方から丸の内の東京会館のバーや、湯島の居酒屋「シンスケ」でゆっくり酒をたしなむことを常としていた。

同じ財閥家の当主同士、寛彌氏と親しい交流があった古河氏は、三菱における創業家の役割についてこう語った。「三井や住友は番頭がよかったから、必然的に当主の力が弱くなった。三菱は岩崎さんが財閥解体直前まで第一線で仕事をしてきたから、今もグループの団結力があるのです」。

創業家4代が陣頭指揮

三井、住友がともに幕末維新の段階で200年以上の歴史を持つ伝統的な富豪だったのに対し、三菱は岩崎彌太郎が徒手空拳で成り上がり、海運で基礎をつくった新興財閥だ。その点、ほかの2財閥家が実際の経営にはほとんど関与せず「番頭経営」に徹したのに対し、三菱は本家と分家が交代で社長を出し、4世代、75年にわたって経営を主導してきた。

創業者の彌太郎は、1834年、土佐で生まれた。地下（じげ）浪人（郷士の株を売った下級武士よりもさらに下の階級）の子息だったため、身を立てるのに時間を要したが、同郷・土佐藩仕置家老の吉田東洋や後藤象二郎らに登用され、土佐藩の政商に。その後、藩の貿易振興のために、長崎のトーマス・グラバーをはじめ外国商人と渡り合うなど、実業家としての基礎を築いていった。

彌太郎が名実共に表舞台に立つのは、１８７３（明治６）年、三菱商会のオーナーとなった３８歳のとき。７５年には、社名を郵便汽船三菱会社と変え、外国海運会社に対抗するために、日本最初の外国航路として横浜－上海間に週１回の定期航路を開いた。値下げ競争など、あらゆる施策を打ち、海運で独占的な地位を築くほどに成長していく。

だが、彌太郎は、国内のライバル・共同運輸と死闘を繰り広げるうち、胃がんを患って５０歳で亡くなってしまう。遅咲きだった彌太郎が表舞台で活躍した期間は、意外にも１０年ほどにすぎない。

跡を継いだのは、年の離れた弟の彌之助だ。彌之助は、海運から派生した鉱山・炭坑、造船、不動産などの事業に手を広げ、会社を発展させた。こうして、彌太郎の長男で3代目の久彌が社長になった1893年には、三菱は日本屈指の財閥となっていた。

現在の三菱グループの陣容につながる大財閥に発展させたのが、彌之助の長男で4代目の小彌太だ。三菱といえば、「国家の発展とともに歩む」というイメージが強いが、その考えを示した三菱の経営理念「三綱領」は、小彌太の時代に作られたものだ。小彌太は一族で最も長く、約30年にわたってトップの座に君臨した。旧制一高から東大法科に進学するも中退し、英ケンブリッジ大学に留学した小彌太。将来は政治家か、新聞社を経営したいと思っていたが、帰国後は27歳で三菱合資会社の副社長となる。

その後、37歳で三菱合資の社長に就任すると、会社の各部門を分離し、三菱銀行、三菱重工業、三菱商事を中核とする現在のグループの陣容をつくり上げた。小彌太の平均睡眠時間は4時間。事業のことを四六時中考えていたという。

趣味も多彩だった。中でも古美術では骨董商の壺中居（こちゅうきょ）をひいきにし、中国の陶磁器を系統的に集めており、別邸・開東閣にプライベートな美術館までつくった。漢学にも造詣が深かった。

小彌太が最も苦しんだのが、1945年のGHQによる財閥解体要求だ。小彌太は、自発的な解散をなかなか認めなかった。国家、社会のために事業をし、恥ずべき点はないというプライドに加え、多くの株主を抱えていたことも解散を拒んだ理由だった。ただ、すでに三井、住友、安田は次々と自発的解散を決定しており、政府は説得工作に乗り出した。結局、1945年11月には三菱も財閥解体を認めることになるが、その渦中、66歳で小彌太は死去する。

岩崎家の末裔たちは今

財閥解体後、経営の第一線から身を引いた岩崎家。戦後の岩崎家で最も存在感を高めたのが、冒頭で紹介した本家（茅町（かやまち）家）の嫡男、寛彌氏だ。旧制成蹊高校から東大経済学部に進み、三菱銀行ではエリートコースといわれる本店第一営業部長を経験。役員に昇進してからは、将来の頭取候補として周囲の誰からも一目置かれた。だが、その後、銀行トップには就かず、岩崎家がオーナーを務める「東山農事（とうざんのうじ）」の経営に携わった。

寛彌氏には子息がおらず、彌之助の係累である慶応大学名誉教授・岩崎英二郎氏の子息で、三菱商事勤務の岩崎透氏が養子に入った。一時「養子縁組は解消された」が、関係者によれば一族で話し合いが行われ現在は改めて後継者になったともいわれる。

分家である小彌太家（高輪家）の現当主に当たるのが、岩崎正男氏だ。正男氏は小彌太の孫娘と結婚し、婿養子として岩崎家に入った。正男氏は、岐阜の地銀、十六銀行などを起こした名門・渡辺家の出身だ。実父の良吉氏は、三井銀行からの独立後、貿易会社を起こした起業家。実母は福澤諭吉の長女の孫に当たる。

正男氏は、キリンビールに入社し、定年退職後には、岩崎家の資産を引き継いで設立した陽和産業の社長に就いた。同社は、小彌太の妻・孝子が相続した土地資産を基に、三菱地所をはじめグループ各社と岩崎家の出資によって設立された。社宅などの不動産賃貸業が主な業務だった。

三菱商事の歴代トップの中には、岩崎家と深い関係を持つ人たちも少なくない。例えば、三菱商事元会長の諸橋晋六氏は、実父が『大漢和辞典』を編纂した漢学者であり、小彌太の漢学の個人教師を務めた諸橋轍次だ。

三菱商事元会長の槇原稔氏は、岩崎家出身の妻を持つ。槇原氏の実父は、三菱商事の幹部社員だったが、戦時下の業務中に米軍の攻撃を受け死去。岩崎家の支援を受けることになった。槇原氏は、旧制成蹊高校から米国のセントポールズ高校を経て、ハーバード大学を卒業。三菱商事に入社後、彌太郎のひ孫に当たる喜久子氏と結婚し、岩崎家の係累となった。槇原氏は現在、久彌の文献コレクションを収容する「東洋文庫」の理事長を務めている。

こうして栄華を極めた岩崎一族だが、今は世間の好奇の目を避けるように、メディアの取材を受けることはほとんどない。

國貞文隆（くにさだ・ふみたか）

1971年生まれ。学習院大学経済学部卒業後、東洋経済新報社記者を経て、『GQ』編集者としてビジネス・政治記事などを担当。明治、大正、昭和の企業の歴史に詳しい。

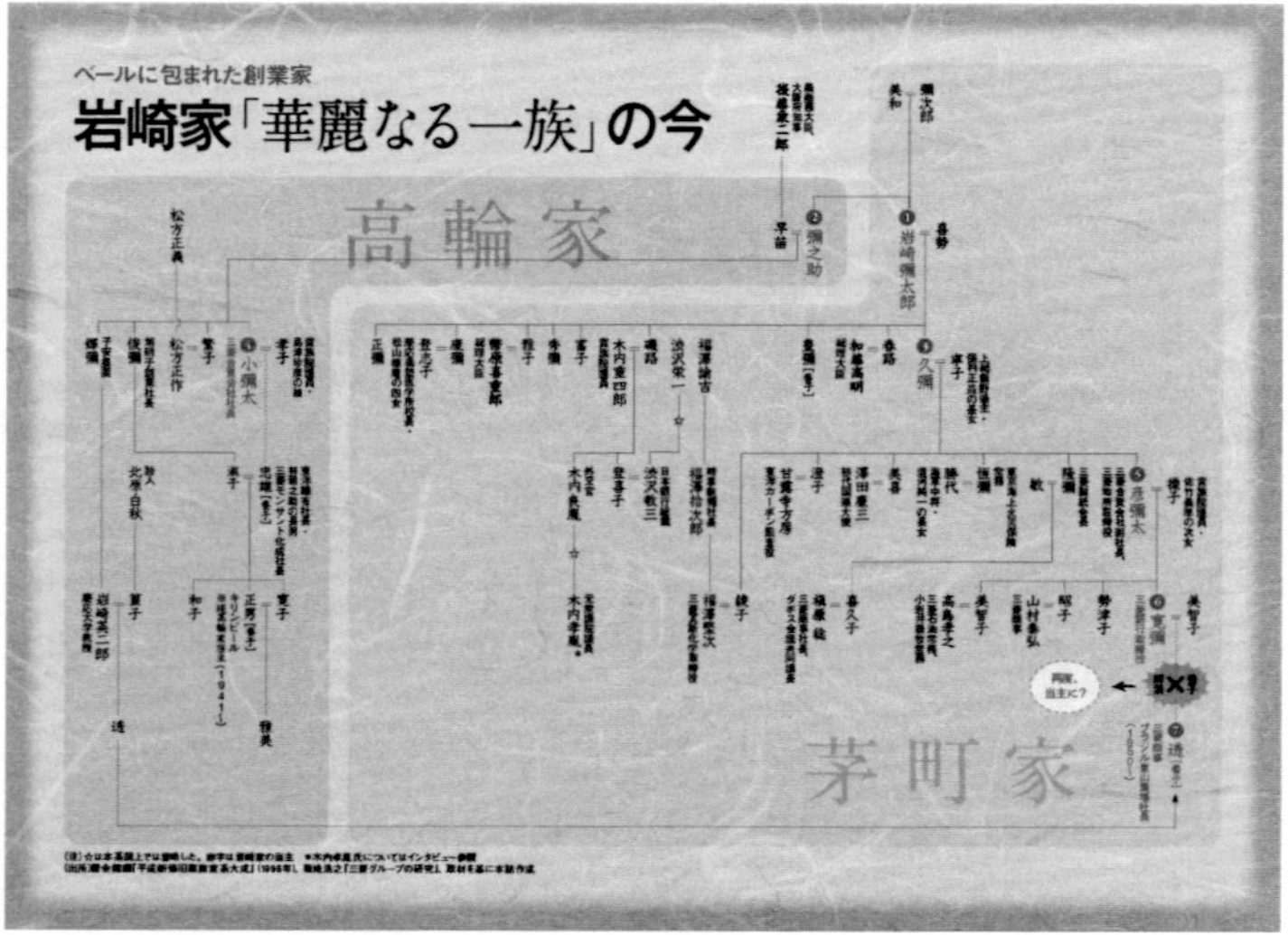
ベールに包まれた創業家
岩崎家「華麗なる一族」の今
高輪家
茅町家
岩崎彌太郎
彌之助
久彌
小彌太
彦彌太
寛彌
透

大番頭　荘田平五郎の偉業

1875年、三菱が本格的に近代的なビジネスに乗り出した頃、慶応義塾からある青年が採用された。

その人物の名は、荘田平五郎。岩崎彌太郎、彌之助、久彌の3代にわたって三菱の経営の中枢を歩んだ荘田は、三菱合資会社理事長や日本郵船、東京海上保険のトップを歴任し、「三菱の大番頭」といわれた人物だ。

1847年、荘田は現在の大分県臼杵市に生まれた。藩校で学んだ後、慶応に入塾。福澤諭吉から目をかけられるほどの俊才だったという。卒業後は慶応で教師を務めたのち、諭吉からの推薦や、慶応の後輩で彌太郎のいとこに当たる豊川良平からの紹介もあり、三菱に入社した。

経理に複式簿記を導入

荘田が最初に行った仕事は、「三菱汽船会社規則」の制定だった。「会社に関する一切の事（中略）すべて社長の特裁を仰ぐべし」として、社長のワンマン経営を明確に打ち出した。

続いて、経理規定の「郵便汽船三菱会社簿記法」を作り、日本企業の中で複式簿記を採用したはしりとなった。さらに「傭使人扶助法（ようしにんふじょほう）」「職工救護法」など、従業員を考慮した労働施策も策定。荘田は、三菱に近代的な経営システムをいくつも導入し、会社としての体裁を整えた最初の人物だった。

この頃、彌太郎はいち早く事業の要は人であることを見抜き、近代的な人材養成に重きを置くようになっていた。三菱は、1877年に起こった西南戦争で、政府の軍需輸送を独占することになり、巨額の利益を得た。会社は急拡大し、それに伴い、江戸時代の番頭・でっち的な人材ではなく、高等教育を受けた人材の獲得を急いだ。

彌太郎は、大学卒の「学者書生流」を採用したら、武骨無情で店頭に置けば言語顔色は客を追い払うようであったが、その一方で誠実で学識があるため、困難な談判などは書生に限ると述べている（三島康雄『三菱財閥史』）。

実際、草創期の三菱を支えた番頭格の石川七財、川田小一郎が土佐藩の同郷人だったのに対し、1870年代半ばごろから、荘田をはじめ、近藤廉平、加藤高明など高等教育を受けた人材が経営の中核を担うようになっていく。

とりわけ彌太郎が関係を深めていったのは、荘田の出身校でもある慶応である。彌太郎は、くしくも同い年だった諭吉の『実業立国論』を読んでその考えに共鳴し、長男の久彌も、横浜のフランス語塾から、できたばかりの慶応幼稚舎に転校させている。彌太郎は慶応出身者が設立を主導した横浜正金銀行や貿易商会（三菱商事の前身）、東京海上、明治生命保険などに積極的に出資し、経営に関与していった。

そのせいか、世間からは次のように見られるようになった。「慶応はその出身者を通じて、三菱と最も濃厚な関係があり、彌太郎の生存中には、三菱の慶応か、慶応の三菱かとみられた」（白柳秀湖『中上川彦次郎伝』）。

慶応出身者の筆頭格であった荘田は、彌太郎の死後、彌之助とともに「海」から「陸」

へ軸足を移し、三菱の発展に寄与していく。実際、荘田は彌之助によく仕え、三菱の多くの事業でリーダーシップを発揮した。

その1つが、丸の内の土地の購入だ。陸軍省が丸の内の練兵場を売り出すと聞いた荘田は、東京市の年間予算の3倍にも相当する桁外れに高い金額ゆえに買い手がつかなかった土地の購入を、彌之助に進言したとの説がある。

購入後しばらくは「三菱ヶ原」と呼ばれる草茫々（ぼうぼう）の原野だったが、1894年の「三菱一号館」竣工を皮切りに、一大オフィス街に生まれ変わらせた。そのオフィス街はロンドンの金融の中心地、シティー・ロンバード街の赤レンガ街に倣って、三菱一号館から七号館まで造られ「一丁倫敦（いっちょうろんどん）」と呼ばれた。丸の内は、ハイカラで近代的なオフィス街の象徴となったのだ。

「一丁倫敦」の一群はその後1960年代に老朽化のため解体されたが、その象徴であった三菱一号館は2009年に復元され美術館となり、今も往時の面影を垣間見ることができる。

長崎造船所で陣頭指揮

2代目の彌之助亡き後は、彌太郎の長男である久彌が三菱のトップに就いたが、弱冠29歳であったため、荘田が事実上のトップとして長崎造船所の近代化、神戸造船所の新設などでリーダーシップを発揮した。とくに当時、修理工場だった長崎造船所を主体に、造船事業を育成するかどうかについて、三菱首脳陣の意見は割れていた。荘田は社内の反対を押し切って自ら長崎に乗り込み、約5年間、造船所長として陣頭指揮を執って、一大造船所に変貌させた。これが後の三菱重工業へ発展していくきっかけである。

スーツ姿の「三菱紳士」のイメージ定着にも一役買った。三菱社内には、服装に頓着しない豪傑風の人物が多かった。その中で荘田は英国風ジェントルマンとして過ごした。現在の三菱マンのイメージは、荘田のハイカラな嗜好によってできたものだ。

その人物像を、福澤諭吉の娘婿で、希代の相場師にして電力王といわれた福澤桃介が記している。有名な『財界人物我観』という人物評論の本で桃介は、荘田を「身体は大きく、どちらかというと、平べったい特徴のない、平凡な顔の持主であった」と冷やかす。

もちろん、これは偏屈といわれた桃介一流のジョークで、本当の評価は次のように下す。「荘田をして、かかる偉業を大成せしめたのは何か、というと、前にも話したように、彼が数理と経済にかけて、天才的な頭脳と、これを実行する勇気を持っていたからだ。とにかく、荘田という男は、この点において、明治年間に生んだ一番偉い人だと思う。おそらく、岩崎彌太郎も、渋沢栄一も、そういう点では、荘田にとうてい及ぶまい」。

今ではほとんど語られることのない荘田だが、三菱が近代的企業として発展するうえで欠かせない人物であったことは、間違いない。

荘田の偉業

①「三菱汽船会社規則」を策定し、社長のワンマン体制を宣言
② 複式簿記を日本企業として最初期に導入

③ 官有地・丸の内の購入を進言したとの説
④ 長崎造船所（現三菱重工業）を改革し、一大造船所に発展させた
⑤ スーツ姿の「三菱紳士」のイメージを定着させた

（ジャーナリスト・國貞文隆）

明治時代『東洋経済新報』のご意見番だった

荘田が語った「賃金」「高等教育」問題

日清戦争後、日本が本格的な近代国家への道を歩んでいた1895年に創刊された小誌の前身『東洋経済新報』。その誌面には、三菱造船所の支配人だった1897年から引退後の1913年まで、実に50回近く荘田平五郎が登場する。その多くが、記者による「訪問録」。今でいうインタビュー記事だ。

荘田が語るテーマは、「日本の造船業の前途」「製鉄事業の前途」といった、三菱が手がける事業に直接関わるものから、税制政策や教育、経済全般にわたるものまで、実に幅広い。当時の小誌にとって、荘田が「ご意見番」的な存在だったことがわかる。

例えば、1900年12月25日号では「職工賃金談」と題して、次のような趣旨の持論を展開している。

「私は、本邦の実業家に対して一つの覚悟を要求したい。新事業を興すうえでは、まず高額の賃金を支払う覚悟をすべきである。職工の供給源は農業労働者なのだから、彼らが先祖代々続いてきた職を捨ててまで、他の事業に移りたいと思うだけの金額を支払うべきだ。そうすれば、当初少し高すぎるくらいの賃金を支払ったとしても、十分労働力が確保できる。高い賃金を支払う覚悟があって初めて、事業の成功を期待することができるのだ」

この頃、日本の労働組合運動が本格的に始まった。労働者が過酷な労働条件に不満を持って争議を起こし、実業界には同盟を組んでこれを制圧しようとする意見もあった。荘田も当時、長崎造船所の所長として多数の労働者を抱える立場であったが、「高い賃金を支払うべきだ」と断言する見解は非常に進歩的だった。

慶応の教師を務め、三菱にも多数の学卒者を登用した荘田は、教育に対しても一家言あった。1910年10月5日号では、「高等実業教育を受けた人材は無用の長物である」との世間の見方を痛烈に批判する。

「三菱では、高等実業教育を受けた人材が高い実績を残している。最初は実務に精通していなくとも、教育を受けた人材は着々とステップアップする。単なる実務家が到底及ばない長所があることは、私自身が社内で日々目の当たりにしている。銀行や会社で最も必要なのは、高等実業教育を受けた人材だ」

つねに時代の先を見て冷静に物事を考える荘田の誌上談義は、当時の読者を啓蒙したに違いない。

（印南志帆）

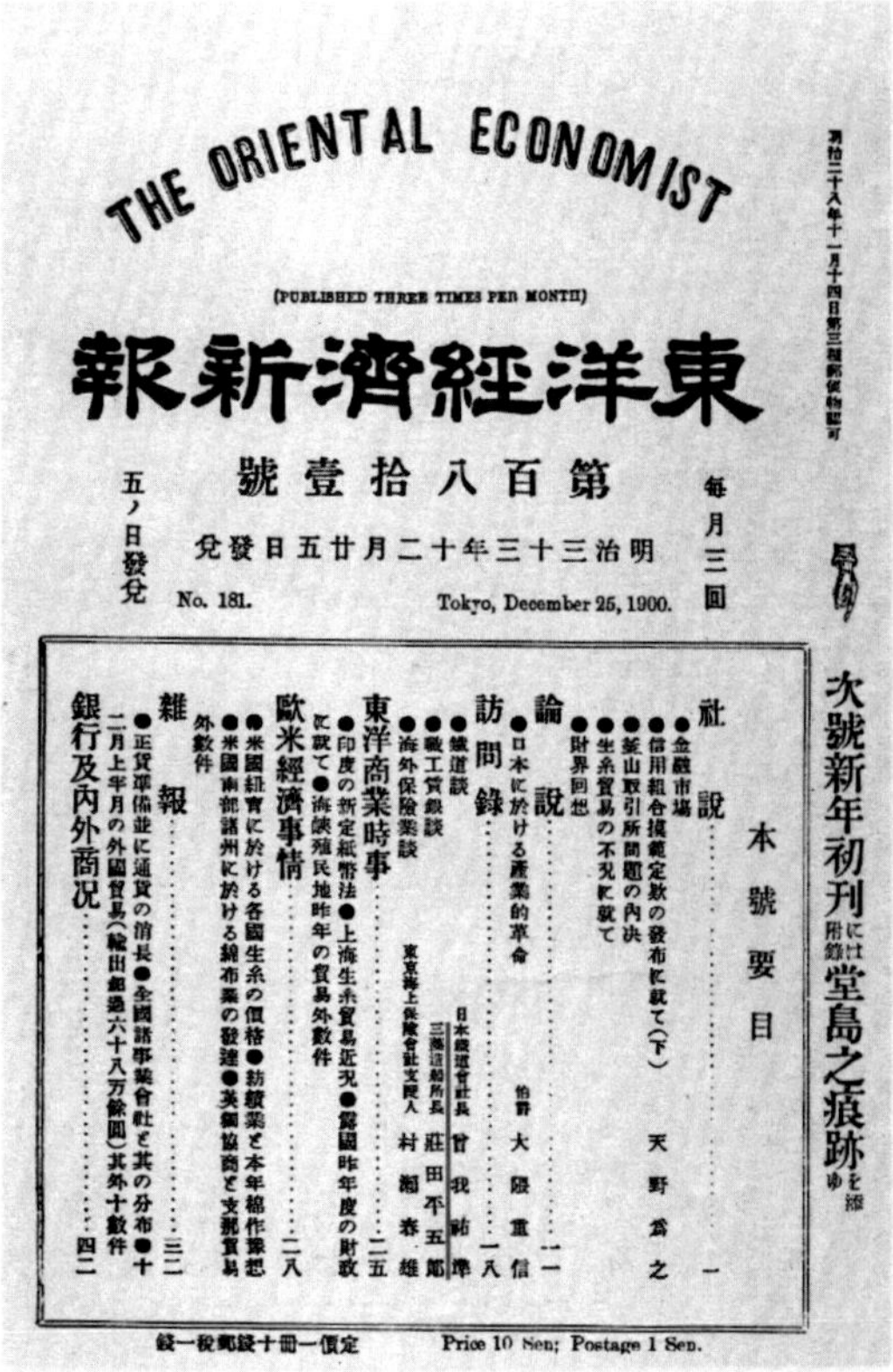

THE ORIENTAL ECONOMIST

(PUBLISHED THREE TIMES PER MONTH)

東洋經濟新報

明治二十八年十一月十四日第三種郵便物認可

第百八拾壹號

五ノ日發兌

毎月三回

明治三十三年十二月廿五日發兌

No. 181. Tokyo, December 25, 1900.

次號新年初刊には附錄堂島之痕跡を添ゆ

本號要目

社説……一
●金融市場 ●信用組合模範定款の發布に就て（下） ●釜山取引所問題の内決 ●生糸貿易の不況に就て ●財界回想 天野爲之

論説……一一
●日本に於ける產業的革命 伯爵 大隈重信

訪問録……一八
●鐵道談 日本鐵道會社長 曾我祐準
●職工賃銀談 三菱造船所長 莊田平五郎
●海外保險業談 東京海上保險會社支配人 村瀬春雄

東洋商業時事……二五
●印度の新定紙幣法●上海生糸貿易近況●露國昨年度の財政に就て●海峽殖民地昨年の貿易外數件

歐米經濟事情……二八
●米國經濟に於ける各國生糸の價格●紡績業と本年棉作豫想●米國南部諸州に於ける綿布業の發達●英獨協商と支那貿易外數件

雜報……三二
●正貨準備並に通貨の消長●全國諸事業會社と其の分布●十二月上半月の外國貿易（輸出超過六十八万餘圓）其外十數件

銀行及内外商況……四二

定價一冊十錢郵稅一錢 Price 10 Sen; Postage 1 Sen.

明治時代の『東洋経済新報』。目次に荘田の名前が見える

「4代目当主の寛彌氏は頭取の器だった人。しかし、排除された」

元衆院議員・木内孝胤

私の家は曽祖父、祖父、父とみんな役人で、三菱系の会社にいるのは三菱商事にいる兄くらいだ。父（昭胤）は外交官だったが、田中角栄元首相の秘書官を務め、旧田中派と親しかった。私の母方の祖父は渋沢栄一の次男で、渋沢とも縁続きになる。

父の仕事の関係で10歳から13歳を英国のボーディングスクールで過ごし、帰国後は帰国子女を受け入れていた成蹊中学に入学した。入試のとき母親から「あなたの親戚が建てたのよ」と言われたのを覚えている。成蹊は岩崎小彌太と中村春二先生が設立した学校で卒業生は三菱にも多い。自由な校風で、夏は水球に明け暮れ、英語の配点が高かった慶応大学に進んだ。

就職の相談に行ったのが、三菱銀行（当時）の社外取締役をしていた（三菱本家で）4代目当主の岩崎寛彌氏だ。私は子供の頃からかわいがられた。明るく面白い人で、なかなかの大人物だった。「銀行はつまらないからやめろ」と言われたが、2時間ほど話すうちに、やはり銀行だという結論になり、その場で役員に話を通してくれた。

就職してからも、寛彌氏にはよく食事に連れていってもらった。酒好きで、昼間から東京会館で飲んでいる。寛彌氏が三菱倶楽部で法事をするときは、三菱系の社長衆が全員来ていたので、名刺を交換して一気に知り合いになれた。でも、のちに私が外資系証券会社にいたとき、三菱系の仕事は1つも取れなかった。ビジネスはそんなに甘くはない。

選挙に出たのは首相秘書官だった父の影響もあるが、欧州の支店にいたことも大きい。外から見ていると、1990年代の日本は崖を転げ落ちるようなスピードで衰退していて、先が案じられた。

2009年に民主党から立候補したが、周りの人には反対された。父も最初は反対だったが、途中から応援してくれた。ただ、お年玉もくれないような家だったので、

「選挙に金を出すなんて砂漠に水をまくようなもの。ダメダメ」という感じだった。寛彌氏なら資金を出してくれると思ったが、「福田（康夫）も小沢（一郎）もダメだ。どうしても出たいなら無所属で出てくれ。それなら全部面倒見てやる」とむちゃを言われた。私は2008年に民主党の公認を得たが、その1週間後にお亡くなりになった。

思い出す言葉

寛彌氏には経営者としての器は十分にあった。三菱銀行の取締役で中枢である営業の部長だったから、誰もが頭取になると思っていたが排除された。その後、東山農事という会社を経営し、表には出てこなかった。「いい経営者について修業しろ」「金持ちは金持ちの言うことしか信用しないぞ」などの言葉を記憶している。今思うと、とても納得できる。

岩崎家の中心となる人物がいたほうがファミリーとしての求心力は高まるが、寛彌氏と養子縁組した透氏とはだいぶ前に関係を解消している。私の上の世代までは岩崎家の人間が三菱グループの企業の幹部などに就くことも多かったが、今はそういう世の中でもなくなった。

（構成：ライター・仲宇佐ゆり）

木内孝胤（きうち・たかたね）

1966年生まれ。三菱銀行、外資系証券勤務を経て衆議院議員を2期務めた。現在は「ビジネス8、政治2くらいの割合で活動」。

【誌上講義】

経済史家が語る〝三菱〟発展の真実

東京大学名誉教授・武田晴人

近世から続く三井、住友と違い、三菱は明治に入ってからの創業。岩崎家4代が経営を担い、戦前には国内最有力の財閥に成長した。土佐藩の貿易を請け負っていた一海運業者は、いかに企業を大きくしたのか。財閥史研究の第一人者、武田晴人氏が三菱の歴史を解き明かす。

三菱財閥の創業者として知られる岩崎彌太郎だが、実は実業界への進出にあまり乗り気ではなかった。明治新政府に出仕したいという願望が強かったのだ。

旧土佐藩の有力者、後藤象二郎へ「東京へ呼んでくれ」と何度手紙を書いても、聞き入れられない。周囲の勧めもあって、やっと実業の道に入ることを決める。それが1872年につくった「三川（みつかわ）商会」だ。これが民間企業としての三菱グループの創業といえるだろう。

三菱グループは彌太郎が九十九（つくも）商会を設立した70年を創業年と位置づけているが、学術的に見ると疑問である。九十九商会は土佐藩で貿易担当の役人だった彌太郎が、明治政府から藩営の商売を禁じられた藩の代わりに、ダミーとして設立した会社だった。

「三菱商会」を名乗り、東京に進出したのは1874年のこと。この年、三菱が飛躍する好機が訪れる。政府の台湾出兵に伴い、政府から軍事輸送の仕事を依頼されたのだ。もっとも、三菱がこの仕事を請け負ったのは「棚ぼた」だった。政府は実績のある米英の海運会社やほかの国内大手に輸送を任せるつもりだったが、次々と断られる。そこでやむなく三菱に仕事を依頼した。政府の支援を受けたことで、保有する商船は増え、航路の運航にも多額の助成金がついた。

飛躍を支えた別会計

一方、明治政府の事業を引き受けたことで困った事態も生じた。政府からは、「公の事業を担う以上、海運を専業で行うこと」と命じられる。しかし、すでに鉱山、金融、株式投資など、幅広く事業に手を出していた。命令をそのまま守ると、全体が立ち行かない。

そこで彌太郎は知恵を絞る。彌太郎は三菱商会を、海運業を担う「回漕部」と、それ以外の事業に分けた。回漕部は海運専業の会社だから、表向きは政府の命令に従っている。ただ、回漕部が上げた利益は別の会計に分離され、個人経営の利益とともに積み上がっていく。82年には、この別会計が三菱全体の会計をカバーする「奥帳場」と呼ばれるようになるが、その時点で、奥帳場には株式や公債の形で、多額の利益が蓄積されていた。こうして彌太郎は、実業に乗り出して10年ほどで、日本有数の資産家になったのだ。

蓄積された資産を投じ、経営多角化を方向づけたのは、2代目の彌之助だ。後藤象二郎から引き受けた経営難の高島炭鉱（長崎県）を再建。後に有力な鉱山になる尾去沢（秋田県）や荒川（同）も買収。銀行業にも本格進出し、三菱が繁栄する基盤をつくった。

三井、住友に差をつけたのが、重工業、とくに機械工業へ比較的早く進出したことだろう。長崎造船所を払い下げられて造船業に進出したことに始まり、後にここから三菱電機や、内燃機（自動車や航空機）が枝分かれしていった。製造業に幅広く基盤を築いたことが、戦後の高度経済成長期まで続く三菱の強みになった。

三井は、芝浦製作所（現在の東芝）を中核企業にしようとしたが短期間で断念している。住友は、別子銅山を源流とし、素材としての金属には強いが、後に日本電気（NEC）を設立するまで、機械工業には進出していない。

4代目の小彌太の時代になると、持ち株会社体制の確立により、グループの総合力が発揮できるようになった。ここに傘下の企業の利益がプールされ、それを元手に三菱本社が、「司令塔」としてどの事業に投資すべきかを判断していた。

日本経済が急速なスピードで成長し、それに伴いビジネスチャンスも大きくなっていた明治・大正時代。単一企業が、自己資金などの範囲で堅実に投資していては、好機を逃しかねない。その限界を打ち破り、大胆な投資によって産業構造の変化に柔軟に対応できたのが財閥組織だった。

株主第一主義を再考せよ

こうした歴史を踏まえて今の三菱を見ると、少し「株主第一主義」に流されすぎのように思う。現在は、個々の企業の株主に対する目先の利益の最大化が優先され、グループとしてのメリットを追求することはあたかも悪いことであるかのようにいわれる。

2000年に三菱自動車がリコール隠しで危機に陥ったときはグループで支えたが、今後、同様の事態が起きても表立っては救済しにくいだろう。だがグループで支えるのは本当に悪いことなのか。

歴史を共有するグループ各社が、長期的な視野から経済や産業のあり方を考え、侃々諤々（かんかんがくがく）の議論を経て方針を定める。そのための仕組みとして、緩やかな結合体という役割が旧財閥にはあるのではないか。「内部の情報は、完全にディスクローズせよ」というのが今の風潮だが、企業は秘密があって初めて競争力を持つものではないか。

すでに米国は株主第一主義から方針転換しつつある。ところが日本は昔の米国の姿を追いかけ続けている。今のまま短期的な視点にとらわれていると、長期的に企業、産業、そして日本経済をどう成長させるべきか考えられなくなる。ここに三菱グループが直面する課題がある。

新興財閥「三菱」飛躍の訳

① 海運業の利益を他事業に投じた
② 造船、電機、内燃機など、機械工業に早期に進出した
③ 三菱本社が司令塔となり、グループの総合力を発揮した

（構成・印南志帆）

武田晴人（たけだ・はるひと）
1949年東京都生まれ。79年東京大学大学院経済学研究科博士課程単位取得退学（経済学博士）。現在、東京大学名誉教授。『財閥の時代』『岩崎弥太郎』『岩崎小彌太』など著書多数。

「三菱トリビア」10選

時代の荒波を乗り越えた三菱には、名門財閥ならではの秘話がある。

――社名に「三菱」がつく会社は何社ある?

三菱グループのホームページによると、国内外の621社・団体が「三菱」を冠している(2020年1月現在)。三菱は、1914年に商標登録されており、現在は三菱金曜会27社が所属する「三菱社名商標委員会」が厳格に管理している。企業が新たに三菱を冠することになった場合、金曜会にて最終的に承認される。

一方、JXTGホールディングス(HD)のように、三菱系が非三菱系と合併してできた会社は三菱を冠していない場合がある。さらに、東京海上日動火災保険、明治安田生命保険、ＡＧＣ（旧旭硝子）、キリンＨＤのように、岩崎家の傍流が創設者であったり、三菱以外の出資も受けて創業されたりした会社の場合は、当初から三菱を冠さず、スリーダイヤも使用しない。

紛らわしいが、三菱鉛筆は三菱系ではない。今も鉛筆に使われている三菱マークは、スリーダイヤの約１０年前に商標登録されたものである。

──三菱金曜会企業の中で、東京都内に本社がないのは何社？

川崎市内に本社を構える三菱化工機と三菱ふそうトラック・バスの2社が、東京都以外に本社を置く金曜会企業である。

金曜会企業２７社のうち、２５社は東京都内、中でも１６社が丸の内一帯（住所は千代田区大手町、丸の内）に本社を構える。残る9社は東京都内にあるが丸の内にはない企業だ。このうち中央区に本社を構えているのが三菱倉庫、ピーエス三菱、三菱製鋼。港区に本社を置くのがニコン、三菱自動車、三菱アルミニウムだ。それ以外に、三菱総合研究所は永田町（千代田区）、キリンＨＤは中野区、三菱製紙は墨田区に本社を置いている。

かつては、もっと多くの企業が丸の内に本社を構えていたが、再開発に伴うビルの建て替えを機に転出した企業が多い。

――「メルコ」「メック」はどの会社の略称？

「メルコ（MELCO）」は三菱電機の英文社名の略。かつて三菱電機系列の家電店には「メル子」というキャラクター人形が置かれるなど、国内でも広範に使われていた。

「メック（MEC）」は三菱地所の英文略称で、会社ホームページURLやメールアドレスなどにも使われている。子会社には「メック情報開発」「メック・ヒューマンリソース」のような会社がある。

――三菱UFJ銀行が所蔵する巨大な「おかめの面」。どのような由来がある？

三菱創業初期、創業者の彌太郎が、社員への「もっと謙虚な姿勢で、やさしい顔でお客様に接しなさい」との思いを込めて、店頭に掲げたのがこの「おかめ」。推定全長

2メートル以上の巨大なお面だ。

明治初頭の三菱は、居丈高で客商売に不慣れな士族出身社員が多かった。これを見た福澤諭吉が、「岩崎は商売の本質を知っている」と感心したという逸話もある。三菱合資会社が丸の内の「三菱一号館」に移った後も、れんが造りのハイカラな建物内に掲げられたという。

——静嘉堂の文庫長に就任した、有名な漢学者は誰?

大著『大漢和辞典』などの編纂で知られる諸橋轍次・都留文科大学元学長。和漢の典籍と古美術の収集で知られる静嘉堂文庫は、2代目の彌之助が1892年に設立し、もともと千代田区の駿河台にあったが、4代目の小彌太が現在の世田谷区に移転した。

諸橋氏は、三菱合資会社が社員の中国語習得を目的に設立した「北京三菱書院」の第1期生だ。社長業に勤しむ小彌太は、社員へのスピーチの内容を考えるときに諸橋氏に相談するなど、当代随一の知恵者を頼りにしたという。

――三菱銀行取締役を務めた岩崎家6代当主、寛彌氏。同氏が愛した居酒屋は？

東京・湯島にある「シンスケ」。初代・彌太郎の本邸であった旧岩崎邸庭園。上野公園近くにある同庭園近くにその居酒屋はある。湯島天神前の坂を下りた「天神下交差点」から横道を入ると、縄暖簾（のれん）と杉玉が目に入る。1階には長いヒノキのカウンターが広がり、日本酒は秋田の銘酒「両関」のみ。通もうなるほどの名店として知られている。今も三菱系社員が会合に使うなど、寛彌氏の愛した空間は脈々と受け継がれている。

――三菱の社内報『マンスリーみつびし』発行部数はどれくらい？

40万部。巻頭特集は、「ラグビーワールドカップ」「SDGsとは何か」「流鏑馬（やぶさめ）」など多岐にわたっている。連載には、若手社員の紹介、各社のビジネス最前線、三菱グループ系の美術館の紹介などが盛りだくさん。社長インタビューの連載では、元フジテレビアナウンサーで現在はフリーの木佐彩子さんが長年取材を担当している。編集を手がけるのは、『ポパイ』や『アンアン』などを発行するマガジンハウス。

デザインのクオリティーが高いのもうなずける。グループの社員が、三菱の横のつながりを感じる貴重なツールだ。

――三菱重工業の社員が社内メールを送る際に用いる宛名の敬称とは?

「課長殿」、「部長殿」といった具合に、役職名の後に「殿」をつけるのが重工流。入社すると先輩社員がメンターとしてつくが、その際にはこうしたメールの書き方の「お作法」をしっかりとたたき込まれるという。

ほかにも、「念のため」は「為念」、「前向きにご検討ください」は「前広にご対応お願いします」などと表現する独特の慣習がある。重鎮企業だけあって、さすがの仰々しさである。

――岩崎家4代で最も若くして社長に就任したのは?

3代目社長の岩崎久彌。29歳で三菱合資会社の社長に就任した。26歳で米国留学から帰国すると、三菱社の副社長に就任。3年後、丸の内に三菱一号館ができると、ここに本社を移した。年若い久彌の後見は2代目の彌之助が担った。

個性的な面々がそろう創業家4代の中では、やや影の薄い久彌。実際のところは、社長のワンマン体制を改め、近代的な経営組織に改めるなど、重要な功績を挙げている。1907年に株価が大暴落した際には、大規模な人員リストラを断行した。

22年間社長を務めた後、50歳でいとこの小彌太に社長を譲り、引退。その後は、かねて関心のあった農業や牧畜の世界に入っていき、62歳のときにはブラジルで農牧事業を開始した。晩年は、自ら開設した農場で隠遁生活を送り、1955年、90歳で亡くなった。

——安倍晋三元首相の親族で、三菱グループ企業の社長を務めているのは誰?

三菱商事傘下の包装専門商社、三菱商事パッケージングの社長を務める兄の安倍寛信氏(67)。晋三同様、三菱とゆかりの深い成蹊大学を卒業し、三菱商事に入社。2004年に中国支社の社長に就き、07年から執行役員を務め、12年に同社の社長に就任した。寛信氏を知る三菱商事OB曰(いわ)く「頭が切れる人」。

(林 哲矢、印南志帆)

すごすぎる三菱の福利厚生

「30代半ばになって、そろそろ結婚を考えようというとき、たまたま父にこの結婚相談所を紹介してもらった。専属の相談員さんがつき、入会後半年も経たないうちに理想の女性に出会えた」

生まれたばかりの子どもをあやしつつ、幸せそうにこう語るのは、大手情報サービス企業に勤める加藤雅人さん（37・仮名）。2016年に結婚した加藤さんが利用したのは「ダイヤモンド ファミリー クラブ」。三菱グループの運営する結婚相談所だ。

相談所への入会資格があるのは、三菱グループの社員とその家族・知人に加え、三菱金曜会27社から推薦を受けた約70社の企業の社員と、17団体（大学の校友会や、弁護士組合など）の所属者だけ。加藤さんの場合は、三菱重工業に勤務する父親の家族として入会。同会の評判を聞き、立教大学の校友会を通じて入会した妻と出会った。

「一部の結婚相談所や婚活アプリには『サクラ』もいると聞く。対して、ここは入会資格を限定しているからか、家柄のしっかりとした、価値観が似ている人と出会いやすいと感じた。紹介された女性のうち半分くらいが、三菱グループの関係者だった」(加藤さん)

三菱グループからの出資を受け、同相談所が設立されたのは1972年。経済成長著しい時代、猛烈に働く社員に家庭という安らぎの場を、というのが当初の目的だ。一般的に、結婚相談所の入会費は20万～30万円だが、同相談所はグループからの支援を受け、三菱関係者なら8万円と格安(それ以外は9万円)。東京に加え、三菱重工や三菱電機の拠点がある名古屋にも事務所を構える。2000人を超える会員の8割近くは、三菱関係者だ。

三菱UFJ銀行出身で、クラブの代表常務理事を務める森安直人氏は、「男性比率の高い技術系職場で働き、社員寮に住んでいる社員は異性との出会いの場がない。それだけの理由で独身の人は存在する。昔は職場の上司が社内結婚の仲人を務めることもあったが、今は当社が代わりにその役目を担っている」。ちなみに事務所内には、成婚したカップルが挙式会場を検討するうえで、ということか、三菱地所が運営する「ロイヤルパークホテル」のパンフレットが置かれていた。

結婚相談所「ダイヤモンド ファミリー クラブ」の

入会資格

1 **三菱グループ各社に勤務の本人とその家族・知人**
➡ 関連会社含む

2 **推薦会社に勤務**
➡トヨタ自動車、ソニー、電通など約70社

3 **推薦団体に所属**
➡ 所定の大学校友会、公認会計士・弁護士の協同組合など17団体

会の名前は三菱ロゴ「スリーダイヤ」に由来

著名OBも通うジム

平日の夕刻、JR巣鴨駅から徒歩3分の大きな建物に、スポーツバッグを提げたスーツ姿の男性が入っていった。ここ三菱養和会巣鴨スポーツセンターは、三菱系のスポーツ施設である。

創業家3代目・久彌社長が戦前、社員の精神・人格鍛錬のために設立した「三菱倶楽部」を起源とする養和会。1975年にスポーツ施設として開業し、2011年からは東京都の公益財団法人に。評議員や理事には、三菱主要企業の現役幹部やOBがズラリと名を連ねる。

施設の中には、温水プール、コート3面分の体育館、トレーニングジム、ダンススタジオなどがあり、屋外には人工芝のグラウンドや、ゴルフの打ちっ放しもある。2003年には、かつて三菱幹部候補生が生活した寮「思斉館」跡地に武道場も完成した。埼玉県戸田市にはレガッタ用の施設も備える。

スポーツジムの利用料は、月額1万円ほどかかるのが一般的。だが三菱グループの社員やOB、その家族なら、養和会の設備を月2000円台で使うことができる（中学生は1150円、小学生以下は無料）。ジムは平日21時半まで使用することができ、丸の内で仕事を終えた現役社員や、退職後の健康維持に三菱系企業のかつての首脳が通うこともあるという。

休日になれば、三菱グループの社員が所属する「全三菱運動文化大会」の会場にもなる。とくに活発なのが全三菱レガッタ大会と武道大会だ。ある三菱系社員は「普段、三菱グループに所属しているという実感は希薄だが、この大会は唯一横のつながりを感じ、人脈もできる貴重な機会だ」と語る。「養和」とは、「精神を立派な目的に使って人の和を成し、功利栄達にこだわり道を誤ってはならない」という漢籍の一節に由来する。運動による心身鍛錬も、三菱エリート養成の一要素なのかもしれない。

うまみはまだある。三菱系企業の中には、平均給与が三井、住友系と比較しても高額な企業が多いが、若手社員が「第二の給料」だと口をそろえるのが、充実した生活費補助だ。例えば、三菱地所の20代社員は「家賃補助が月8万円出ることに加え、ジムなど健康増進のための補助が年2万〜3万円、英語などの自己啓発に30万円ほどの補助が出る」と語る。とはいえ、職場での飲み会や仕事上必須のゴルフ用品などにお金はどんどん消えていくという。

「保活」も支援

海外に駐在先が多い三菱商事。ある若手社員は、「家族を伴って海外駐在した社員には帰国後、月20万円弱の手当が7年間も出る」と話す（会社側によれば、金額や支給年数は役職や家族の人数により異なる）。三菱商事は、赴任地の治安レベルに応じて支給される「ハードシップ手当」が手厚いことで知られ、「一度駐在に行けば、一軒家が建つ」といわれた時期もあった。現在は合理化の下、駐在自体が減り、こうした手厚い手当も以前よりは縮小傾向にある。とはいえ、帰国後もなお続く好待遇は特筆すべきものだ。

金銭的な支援だけではない。同じく三菱商事のある社員は、子どもを育てる際の会社のサポートに助けられたという。曰（いわ）く、「会社に常駐の『育児コンシェルジュ』がいて、自分の住んでいる区の保育園の空き状況まで調べ上げてくれた。手間のかかる『保活』を任せられた分、仕事に集中できた」。
充実した福利厚生は、社員のモチベーションアップにつながっているようだ。

福利厚生へ社員の満足度は高い

・スポーツジムに年間2万〜3万円、英語学習など自己啓発に同30万円までの補助が出る（20代・三菱地所）
・生保は明治安田、損保は東京海上と、グループ内の保険にすごく安く入れる（20代・キリンHD）
・海外赴任をすると、帰国後は月20万円が7年間支給される。（20代・三菱商事）
・会社に常駐の「育児コンシェルジュ」がおり、「保活」まで手伝ってくれた（40代・三菱商事OG）
・新入社員のときにゴルフ研修の案内が来た（30代・三菱地所）

（印南志帆）

トップ27社「金曜会」の内幕

表向きは「トップ同士の親睦会」。そこでは、何が話し合われているのか。

2020年2月の第2金曜日に当たる14日の午前11時45分。東京・丸の内にある三菱商事ビルの地下駐車場に、レクサス、ベンツといった黒塗りの高級車が続々と吸い込まれていった。

「三菱金曜会」。4500社を超える三菱グループ企業の中でも、主要27社の会長、社長だけが参加できる、月に1度の定例会だ。会場は専用の入り口とエレベーターも備える21階。最上階に当たるフロアには、三菱の社員はほとんど足を踏み入れることがない「三菱クラブ」がある。クラブの西側には大きなガラス窓が広がり、皇居の緑が見下ろせる。

開会時間の正午になると、参加者は昼食を取りながら懇談する。食事の後は学者や著名人の講演を聴き、午後1時半を過ぎる頃にお開きとなる。講師として参加したある学者は、「横長の大きなテーブルにトップがずらっと座っていてね。あれだけの人数が並んでいると、どこを向いて話せばよいかわからなかったよ」と振り返る。

金曜会には、明確な序列が存在する。三菱にはピラミッド構造のヒエラルキーがあり、頂点に位置するのが「御三家」だ。

御三家のうち、長男格といえるのが三菱重工業。戦前、造船や内燃機の製造で三菱の発展を支えた最重鎮だ。次男が三菱の経営理念「三綱領」の「立業貿易」を体現する三菱商事。そして三男は三菱UFJ銀行だ。幹事である「代表世話人」はこの3社から選ばれ、20度は三菱重工の宮永俊一会長が務める。御三家に次ぐのは、4番手の三菱地所や5番手の三菱電機など計10社。御三家に加え、主要10社中6社（輪番制）の計9社が「世話人会」を構成する。

金曜会は、いったい何を目的とした組織なのか。その起源は終戦直後にまでさかのぼる。財閥解体とともに三菱本社は解散となるが、「三菱各社の連携をなんらかの形で残しておきたいとの気持ちは、みんなもっていた」(金曜会の世話人代表を務めた大槻文平編著『私の三菱昭和史』小社刊から)。当時は碁会などを開いて意思の疎通を図っていたが、陽和不動産(現・三菱地所)が株の買い占めに遭った際、買い戻すために中核企業が一層の結束を求め、「三菱金曜会」が1954年に発足した。

現在の金曜会はあくまで「親睦会」の位置づけであり、活動内容は3つ。①社会貢献活動の審議、②新たに社名に三菱を冠することになった会社の紹介、③有識者の講演。だが、多忙な首脳たちが平日の昼間に親睦のためだけに集うだろうか。金曜会事務局へ取材を申し込んだが、「金曜会はグループ内々の存在。メディアの取材は受けない」と断られてしまった。

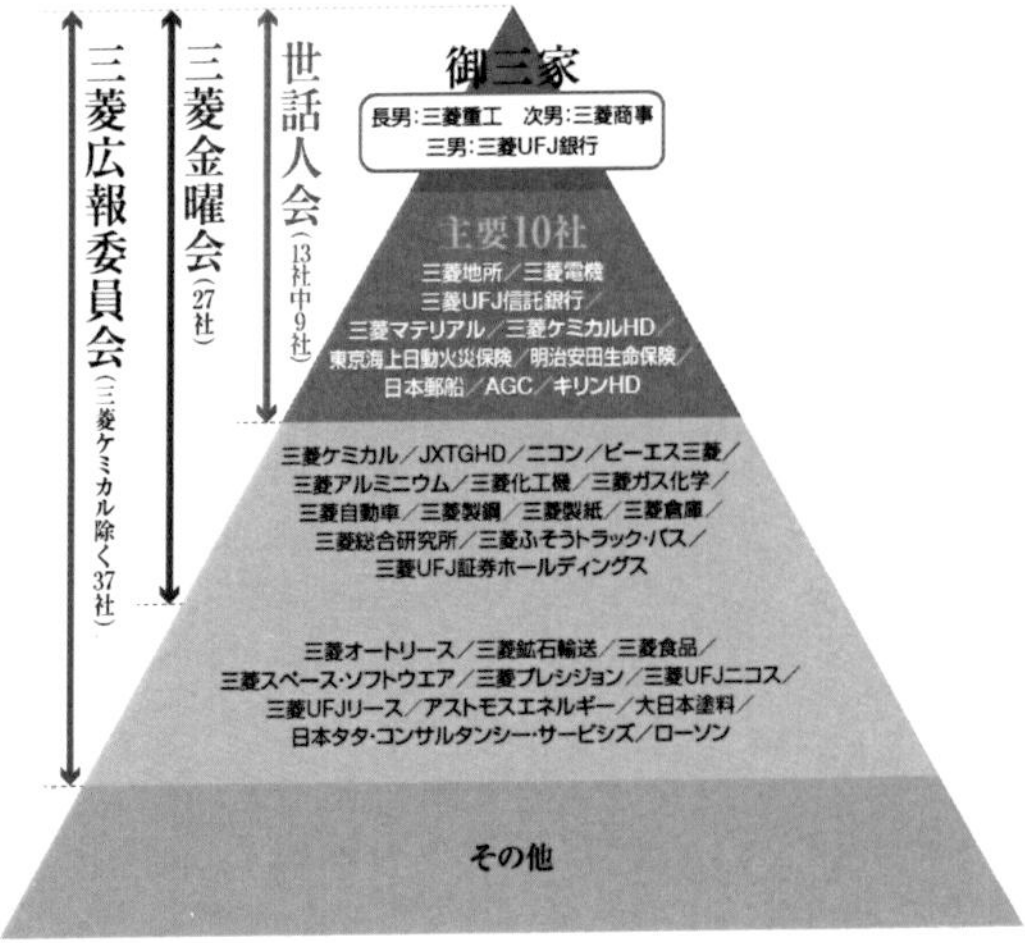
三菱広報委員会（三菱ケミカル除く37社）
三菱金曜会（27社）
世話人会（13社中9社）
御三家
長男：三菱重工　次男：三菱商事
三男：三菱UFJ銀行
主要10社
三菱地所／三菱電機
三菱UFJ信託銀行／
三菱マテリアル／三菱ケミカルHD／
東京海上日動火災保険／明治安田生命保険／
日本郵船／AGC／キリンHD
三菱ケミカル／JXTGHD／ニコン／ピーエス三菱／
三菱アルミニウム／三菱化工機／三菱ガス化学／
三菱自動車／三菱製鋼／三菱製紙／三菱倉庫／
三菱総合研究所／三菱ふそうトラック・バス／
三菱UFJ証券ホールディングス
三菱オートリース／三菱鉱石輸送／三菱食品／
三菱スペース・ソフトウエア／三菱プレシジョン／三菱UFJニコス／
三菱UFJリース／アストモスエネルギー／大日本塗料／
日本タタ・コンサルタンシー・サービシズ／ローソン
その他

ブランド毀損を防ぐ

金曜会に出席する首脳陣に聞くと、単なる親睦会とは違う存在意義が見えてくる。複数の首脳が挙げるのが、「スリーダイヤ」のブランド毀損を防ぐ役割だ。

グループには、商標の使用を審議する「三菱社名商標委員会」がある。だが、「その役割を実質的に担っているのは金曜会」（金曜会のある首脳）。下部組織「商標打ち合わせ会」の決定事項の報告を受けつつ、難しい議案は金曜会で決定される。2016年に三菱自動車が日産自動車の傘下に入った際には、「三菱という社名を使い続けていいか、非常に真剣に議論した。グループの価値観を共有する限りは三菱の名を冠してよいという結論に至った」（同首脳）。

商標以外の個別企業の経営課題について話すことは「基本的にない」（同首脳）。別の首脳も「御三家であっても経営課題に関与する権限はない。非常に緩やかな集まり」と断言する。

御三家の銀行や商事がグループ企業の政策保有株（持ち合い株）を手放すなど、希薄化しつつあるグループ内のつながり。今、各社を結び付けるのは世界でも名が通る「三菱」という無形資産だ。金曜会にとっては、「『三菱』という名をグループで守ることが、個社の利益にもつながる」という意識がある。そのブランド価値を守ることこそが、今の金曜会の役割といえそうだ。

（印南志帆）

金曜会と関連組織

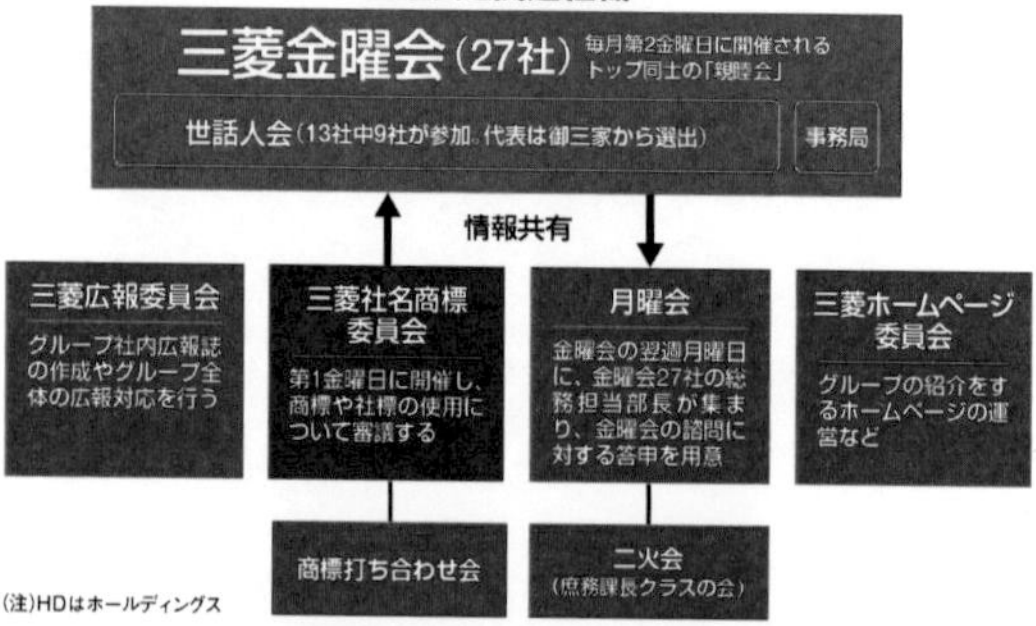

（注）HDはホールディングス

50年前の金曜会の様子を、東洋経済の写真部が撮影していた。現在と同様、長テーブルに各社のトップが座る

主要産業で存在感　スリーダイヤの覇権力

三菱を代表する27社からなる金曜会。銀行から保険、電機、自動車、不動産、商社、石油、素材まで、多種多様な国内主要産業に広がる。三井、住友の企業グループと比較しても、その裾野の広さは三菱ならではの特徴だ。業界ごとの売上高ランキングを見ても、多くの三菱系企業がトップに位置している。

そもそも明治の殖産興業時代、財閥としては新興であった三菱が発展したのはなぜか。経済史が専門の武田晴人・東大名誉教授は、「戦前の三菱は本社が金融機能を担い、それぞれの子会社が事業を担うという役割分担があり、本社を軸にグループで一枚岩になる態勢ができていた。また、現場の情報が本社に上がりやすいなど、事業運営がうまくいっていた」と指摘する。

宮永俊一・三菱重工業会長は「三菱系企業は（社名に冠する）『三菱』というアイデンティティーを共有している。三菱という名で働いているがゆえに、その価値を毀損しないようにという使命感、責任感が生まれる」と話す。業界のリーディングカンパニーであり続ける背景には、確固たる〝三菱〟アイデンティティーがあるのかもしれない。

（林　哲矢）

財閥グループの事業は多岐にわたる

3大財閥グループの
社長会加盟企業

<table>
<tr><th></th><th>三菱
社長会の名称 金曜会
加盟社数 27</th><th>三井
社長会の名称 二木会
加盟社数 25</th><th>住友
社長会の名称 白水会
加盟社数 19</th></tr>
<tr><td>銀行</td><td>三菱UFJ銀行</td><td colspan="2">三井住友FG</td></tr>
<tr><td>証券</td><td>三菱UFJ証券HD</td><td></td><td></td></tr>
<tr><td>信託銀行</td><td>三菱UFJ信託銀行</td><td colspan="2">三井住友トラスト・HD</td></tr>
<tr><td>生保</td><td>明治安田生命保険</td><td></td><td>住友生命保険</td></tr>
<tr><td>損保</td><td>東京海上日動火災保険</td><td colspan="2">三井住友海上火災保険</td></tr>
<tr><td>商社</td><td>三菱商事</td><td>三井物産</td><td>住友商事</td></tr>
<tr><td>不動産</td><td>三菱地所</td><td>三井不動産</td><td>住友不動産</td></tr>
<tr><td rowspan="2">建設</td><td rowspan="2">ピーエス三菱</td><td colspan="2">三井住友建設</td></tr>
<tr><td>三機工業</td><td>住友林業</td></tr>
<tr><td>総合電機</td><td>三菱電機</td><td>東芝</td><td>NEC</td></tr>
<tr><td>産業機械</td><td>三菱重工業
三菱化工機</td><td>IHI</td><td>住友重機械工業</td></tr>
<tr><td>精密機器</td><td>ニコン</td><td>富士フイルムHD</td><td></td></tr>
<tr><td>輸送機械</td><td>三菱自動車
三菱ふそうトラック・バス</td><td>三井E&SHD</td><td></td></tr>
<tr><td>石油</td><td>JXTGHD</td><td></td><td></td></tr>
<tr><td>化学</td><td>三菱ケミカルHD
三菱ガス化学</td><td>東レ
三井化学
デンカ</td><td>住友化学
住友ベークライト</td></tr>
<tr><td>非鉄金属</td><td>三菱マテリアル
三菱アルミニウム</td><td>三井金属</td><td>住友電気工業
住友金属鉱山</td></tr>
<tr><td>ガラス・土石製品</td><td>AGC</td><td>太平洋セメント</td><td>住友大阪セメント
日本板硝子</td></tr>
<tr><td>鉄鋼</td><td>三菱製鋼</td><td>日本製鋼所</td><td></td></tr>
<tr><td>紙・パルプ</td><td>三菱製紙</td><td>王子HD
日本製紙</td><td></td></tr>
<tr><td>食品</td><td>キリンHD</td><td>日本製粉</td><td></td></tr>
<tr><td>百貨店</td><td></td><td>三越伊勢丹HD</td><td></td></tr>
<tr><td>運輸</td><td>日本郵船</td><td>商船三井</td><td></td></tr>
<tr><td>倉庫</td><td>三菱倉庫</td><td>三井倉庫HD</td><td>住友倉庫</td></tr>
<tr><td>情報・通信</td><td>三菱総合研究所</td><td>TBSHD</td><td></td></tr>
<tr><td>ゴム製品</td><td></td><td></td><td>住友ゴム工業</td></tr>
<tr><td>製薬</td><td></td><td></td><td>大日本住友製薬</td></tr>
</table>

(注)三菱ケミカルHD、三菱ケミカルの両社とも金曜会加盟企業のため、三菱ケミカルHDのみ記載。トヨタグループは二木会所属企業であるが、オブザーバーのため除外

時価総額で見る三菱内格差

上場する金曜会企業について、バブル期の平成元年（1989年）から2020年までの時価総額（各年とも1月末）を比べると、どのような結果となるか。その推移を示す。

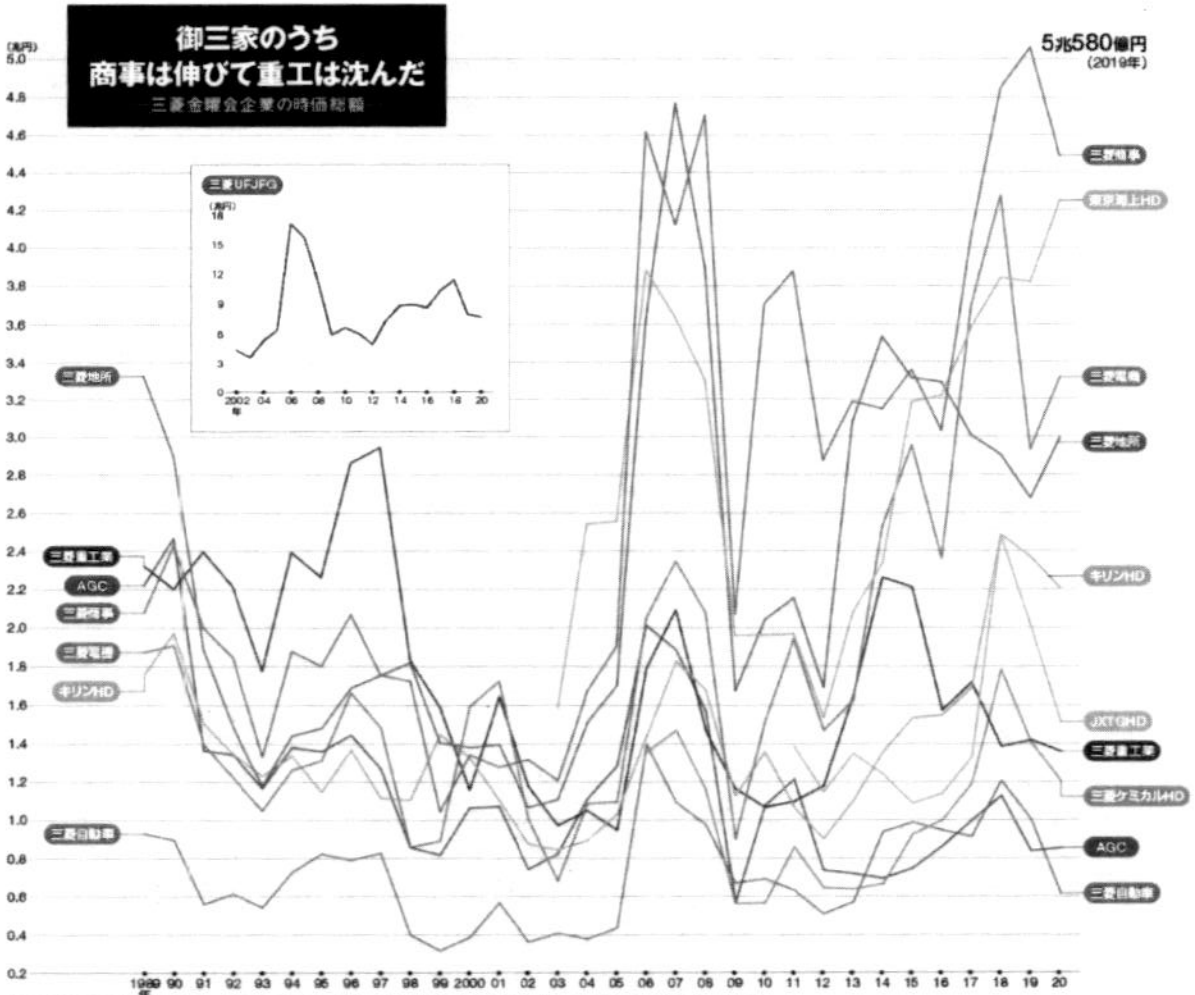

（注）三菱金曜会の上場21社の時価総額について、平成元年（1989年）から比較し、上位11社を掲載。上場主体が変わった場合、存続会社ベースで掲載。各年とも1月末時点

トップは三菱ＵＦＪフィナンシャル・グループ（ＦＧ）だった。２００１年４月に三菱東京ＦＧとして上場、０５年にはＵＦＪホールディングス（ＨＤ）を吸収合併し時価総額を大きく上げた。上場当初の０２年と比べてみると、２０年には１・７倍に成長している。

３０年間を通して目立つのは、伸ばした商事、電機と落ちた重工との格差だ。

１９８９年に２兆７７６億円だった商事の時価総額は、２０年に４兆４８８８億円と２・１倍へと伸ばした。新興国需要を背景とした資源高などが追い風だ。電機も８９年の１兆８７３６億円が２０年には１・７倍の３兆３１７４億円となった。ＦＡ（ファクトリーオートメーション）などに経営資源を集中したほか、自動車機器や昇降機が収益柱となっている。

一方で凋落したのが、「金曜会の長男」とされる重工だ。小型機「スペースジェット」（旧ＭＲＪ）の納入延期が続き時価総額は低迷。２０年２月にも６度目となる納入延期を発表し、１９年４〜１２月期決算で１７５３億円の損失を計上した。８９年に２兆３２２２億円あった時価総額は、２０年には１兆３５７６億円と４割減り、電機、キリンＨＤに抜かれた。

（林　哲矢）

【三菱重工業】失速スペースジェット　泥沼にはまる次の稼ぎ頭

「関係者にはたいへん申し訳ない」。三菱重工業は2020年2月、社運を懸け事業化に取り組む小型ジェット航空機「三菱スペースジェット」（ＭＳＪ）初号機納入を20年夏から2021年度以降に延期すると発表した。会見で泉澤清次社長は硬い表情を崩さなかった。

2008年に事業化を決定してから6度目の延期。当初は13年に納入予定だったため、少なくとも8年以上は遅れることになる。

これまでに投じてきた開発費は8000億円近くに上り、事業化までに1兆円以上かかるのは確実だ。20年3月期末には過去に計上していたＭＳＪ関連資産1300億円をすべて減損処理し、今期の開発費1400億円と合わせた関連損失は

2700億円に膨らむ。好調なガスタービン事業などで稼いだ全社の事業利益はほとんど吹き飛ぶ。

延期の直接原因は、機体の安全性を国が証明する、米国での型式証明取得に必要な最後の試験機が遅れたことだ。20年初めに開発拠点の名古屋から米国へ飛行するはずだったが、まだできていない。

なぜこれほどまでに手間取るのか。航空機の設計・開発には特殊な技術や経験が必要だったにもかかわらず、それが不足していたことが背景にある。2016年に航空機開発に実績のあるカナダ・ボンバルディアからMSJを開発する三菱航空機に移った、開発責任者のアレックス・ベラミー氏は「計画は不透明で、日々の働き方も不適切だった」と移籍当時を振り返る。それ以降、大量の外国人技術者を導入し、組織の立て直しを急いだ。17年の5度目の延期の際には電気配線の設計をやり直さなければいけないことが判明。19年までに900カ所以上の設計変更を行った。

ただ、それでも6度目の延期は避けられなかった。航空機産業の関係者は「航空機開発の経験豊富な米ボーイングでさえ、新型機には数年の遅延はつきもの。ましてや三菱重工がすんなり造れるはずがなかった」とあきれ顔だ。三菱重工幹部も「不具合がある中途半端な状態で飛ばしてしまって、万が一問題が起きれば会社が持たない。それよりはよかった」と話す。

今期の三菱重工の事業利益はＭＳＪ関連損失のせいでほぼゼロになる。ただ、過去に支払った税金分の繰延税金資産を２１００億円計上するため、純利益は前期比微減の１０００億円を確保する見込みだ。

■ スペースジェットは今期損失2700億円

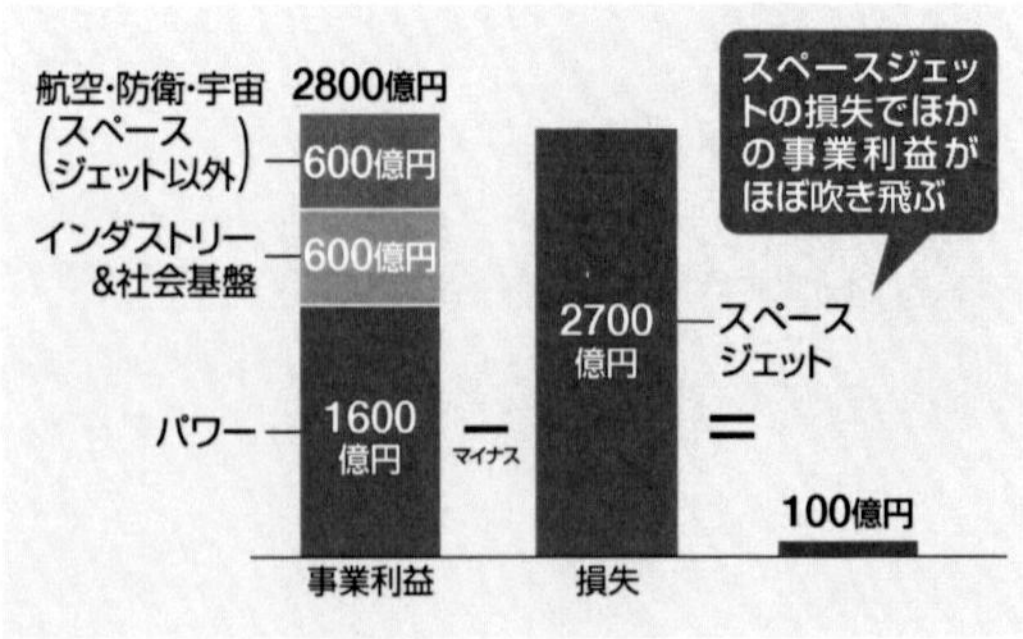

事業化延期以上の意味

　このことには、単なるMSJ事業化延期以上の意味がある。関連資産を減損し、繰延税金資産を計上するということは、MSJが事業化し、利益をもたらすことを「当面期待できない」と認めることになるからだ。

　初号機の納入に2年近くかかるのなら、事業として成立し始めるのにはさらに時間がかかる。「事業化のことは考えずに、開発に専念するしかない」。三菱重工の小口正範CFO（最高財務責任者）は、減損処理の意味をこう解説する。三菱航空機には三菱商事やトヨタ自動車も出資しているが、その三菱航空機の価値を実質ゼロと見なしたことになる。売り上げのない三菱航空機は20年3月末には債務超過に陥るが、増資はせずに三菱重工からの貸し付けで資金を補う。

　これほどの巨費をつぎ込んでも三菱重工の経営が揺るがないのは、ひとえに足元の業績が好調だからだ。主力の火力発電事業は、長年の懸案だった日立製作所との和解が成立。合弁だった三菱日立パワーシステムズを完全子会社化する。大型タービンでは世界トップシェアを握り、とくに環境性能のいい高効率タービンが好調だ。この10年で財務の効率化が進み、有利子負債も大きく減少している。

ただ、火力発電は地球温暖化の逆風にさらされており、長期にわたり事業の柱にできるか不透明だ。ＭＳＪは巨額投資により引くに引けない。「ライバルが少なく、成功すれば必ず儲かる」と算段するが、そこまではまだ遠い。三菱御三家の長兄は稼ぎ頭を追って袋小路にはまり込んでいる。

（高橋玲央）

日本の発展に応じ必要な事業は変わる

三菱重工業 社長・泉澤清次

事業変革のとば口に立つ三菱重工業。その針路をどう定めるのか。泉澤清次社長に聞いた。

――2019年末、損失負担をめぐり日立製作所と対立していた三菱日立パワーシステムズ（MHPS）の火力発電事業で和解が成立、MHPSの全株式を日立から取得します。世界が「脱炭素」の潮流にある中で、火力発電に注力するのはなぜですか。

エネルギーは人々の生活に不可欠であることは論をまたない。火力発電で排出されるCO2には地球温暖化の観点から喫緊に対応しなくてはいけないのは確かだ。ただ、だからといって火力発電をいきなり全部やめてしまうわけにはいかない。いかにCO2排出を抑えるかが大事になる。

われわれは既存の発電所の効率化も提案できるし、洋上風力もやっている。さらにCO2を大気中に出さずに貯留する大きな実証プラントや、水素を燃焼させるガスタービンも開発している。

――長崎造船所香焼（こうやぎ）工場は売却も視野に検討しています。

香焼工場が完成した1972年は100万トンクラスの大きな外航用タンカーが必要とされたときだった。だが、今の造船業界では中国や韓国が強くなっており、大きな船を日本で造ってもなかなか競争力は維持できない。

国の発展に応じて必要とされる産業は変わってくるので、これは進化の歴史ではないか。ただ、造船は日本にとって必要。少し高級な船や、海上保安庁向けの特殊船では、われわれの強みを生かせるはずだ。

一本足打法ではない

――国産初のジェット旅客機「三菱スペースジェット」は6度目の納入延期で厳しいです。

スペースジェット一本足打法のつもりはない。モビリティという枠組みでは鉄道もあるし、航空ではエンジンなど分担品もある。人の行動範囲を広げるという広い意味で事業を考えたい。例えば「空飛ぶタクシー」なんてアイデアは面白いと思う。

――今後のポートフォリオはどうなっていくのでしょうか。

三菱重工は日本のGDP（国内総生産）の伸びと軌を一に、国内市場メインで事業をしてきた。だが、バブル崩壊以降の日本の成長鈍化とともに状況は変わり、グローバルなマーケットを目指した。その中で伸びる事業にリソースを投入してきたのがこの10年だ。20年、30年後を考えると、縮小するものも拡大するものもあるだろう。そのときの稼ぎ頭で今「これだ」と示せるものはない。

だが、社会の課題に三菱重工の技術で解決を提案するのが私たちの役割だと思っている。エネルギー、モビリティ、社会の基盤整備という3つの柱も変わらない。

泉澤清次（いずみさわ・せいじ）

1981年三菱重工業入社。三菱自動車常務、三菱重工執行役員を経て、2019年4月から現職。

【三菱商事】総掛かりでグループ支援に臨む

三菱グループ御三家の一角、三菱商事はこれまで、経営が厳しくなった三菱系企業に対して、自社の事業とのシナジーが見込めれば資本と人材を供給し、再建してきた。例えば三菱自動車。2004年にリコール問題などで危機に陥ったときも三菱商事が支援した。当時、三菱商事の執行役員だった益子修氏が自動車の常務に就き、現在も会長を務めている。それとオーバーラップするように三菱商事が今、経営再建に注力しているのが大手プラントエンジニアリング企業、千代田化工建設だ。

「相応の自信を持っての決断だ」。そう語ったのは三菱商事の垣内威彦社長。千代化への経営支援を公表した2019年5月の発言だ。

千代化は18年度に2149億円の最終赤字を計上。債務超過（自己資本がマイナスの状態）に陥った。そこで筆頭株主の三菱商事が優先株の引き受けや融資で1600億円、三菱UFJ銀行が200億円の劣後ローンで支援した。

さらに、三菱商事でプラント畑を歩んできた大河一司元常務が千代化の会長兼CEO（最高経営責任者）に就任。三菱商事OBなど30人程度が千代化の一員となった。最重要課題は、プラント受注時のリスク管理の甘さを廃し、リスクマネジメント体制を強化することだ。

千代化は旧三菱石油の工事部門が発祥。プラント建設の日系大手として世界中で工事を重ねてきた。とくにLNGプラント（天然ガスをマイナス160度に冷却して液化する設備）で豊富な実績を持つ。

その千代化がつまずいたのは米ルイジアナ州のメキシコ湾岸で進むキャメロンLNGプロジェクト。米国企業が中心となって計画・運営するプロジェクトで、三菱商事や三井物産も出資している。

2014年に、千代化と米国企業のジョイントベンチャーが、この液化設備のEPC契約（設計から資材調達、建設までの一括請負）を受注。液化設備は全3系列あり、受注額は6000億円規模。3系列すべてが完成するとLNGの年間生産量は1200万トン程度となる巨大プロジェクトだ。

千代化は米国での工事経験が豊富ではなかったが、シェールガス増産で米国ではLNGプラントの新設計画が目白押し。キャメロンプロジェクトを成功させれば米国でさらなる案件獲得を期待できた。

だが、千代化にとってキャメロンは誤算続きだった。LNGプラントの建設には数千人の作業員が必要になるが、米国ではプラントの新設が長らくなかったため熟練作業員が少なかった。その中でシェールガスを原料とする化学工場の新設が相次いだため、作業員の奪い合いに。しかもキャメロンを建設するルイジアナ州ハックベリーは僻地で遠方から労働者をかき集めるのに困難を極めた。

リスク管理の甘さが露呈

そのうえ千代化では19年3月期にインドネシアで進める別のLNG液化設備工事

でも多額の追加費用が発生していた。甘いリスク分析を基に受注を取れるだけ取り、想定外の事態に対するバッファーを考慮しない、という企業体質の問題が露呈したのだ。

そこで三菱商事の肝煎りで、リスクを読み切れない脆弱な管理体制の立て直しに取りかかった。支援表明から2カ月後の19年7月、千代化は戦略・リスク統合本部を新設。見積もり、応札、契約交渉といった各段階でのリスク分析・評価を強化した。並行して、各プロジェクトの進捗管理や支援機能も強化し、つまずきそうになっているプロジェクトにいち早く対応する体制を整えた。

千代化にとって再生1年目となる19年度に業績は復調し、営業利益は250億円(前期は1078億円の損失)の黒字を確保する見込みだ。キャメロンの工事が順調に進捗したことが最大の理由。3月3日にはキャメロン第2系列の商業運転を開始した。第3系列も夏までに生産を開始する見込みで、完工はすぐそこだ。

垣内社長は千代化の現状について「財務的な危機は脱した」と評価する。だが、課題も指摘する。「リスク分析の過程で得たさまざまなノウハウを、採算のよいプラント受注や、新しいビジネスの育成にどう生かしていけるか。それはこれからだ」と語る。

新ビジネスとは、例えば継続的に収入を得られる事業の育成。千代化はＡＩ（人工知能）を活用しプラントの安定的操業を支援することで管理手数料を得ることをもくろむ。機器の劣化をＡＩで事前に察知するなどすれば、運転効率化につながる。

だが、その事業化はまだ先。まずはプラントの採算を確保することが最優先。今後もＬＮＧの需要は東南アジアなどを中心に伸び続ける。天然ガスは石炭と比べ二酸化炭素排出量も少なくクリーンなエネルギーだ。千代化によると３０年までに年産１億トン規模のＬＮＧプラントの新設が見込まれる。旺盛な世界需要を取り込めれば千代化にとって大きなチャンスになる。

今後も千代化同様に三菱系の出資先企業が不振に見舞われることは十分ありえる。千代化のような対応に迫られることが増えるかもしれない。

（大塚隆史）

社是「三綱領」は後世に残る価値観だ

三菱商事　社長・垣内威彦

三菱財閥4代目総帥・岩崎小彌太の訓示が基の「三綱領」を社是としているのが三菱商事だ。垣内威彦社長に三綱領の精神と事業との関係について聞いた。

――三菱商事にとって、三綱領はどんな存在ですか。

岩崎家が三菱グループのビジネスを形づくっていく過程で生み出した価値観が三綱領だ。極めて現実的で、おそらく後世にも長く通用する価値観だと思う。

三綱領をわかりやすく言い換えれば、「経済価値」「社会価値」「環境価値」の3つを同時に実現するということ。逆に言えば、経済的な潤いがあったとしても、社会規範から外れたり、環境面で問題を起こしたりすると、得た利益の何十倍もの責任を負ってしまうということだ。三綱領はビジネスを行ううえでの価値観の拠り所であり、社内の至る所に掲げられている。

――三綱領の精神を実感したことはありますか。

例えば、現在、買収に向けた手続きを進めているオランダ・エネコ社の案件がそうだ。同社はオランダ、ドイツ、ベルギーで企業や家庭など約600万件の契約を持つ欧州有数の再生可能エネルギーの発電会社で、小売りも展開している。環境、社会そして経済という3つの価値の同時実現に貢献する企業だ。三菱商事も今後、再エネの拡大に取り組みたい。

――しかし、ベトナムでは温暖化ガスを多く排出する石炭火力発電所プロジェクト（ブンアン2）を進めています。

石炭火力発電所の新設は今後行わない方針を打ち出している。ブンアン2はこの方針を定める前の07年から取り組んでいる案件だ。ベトナム政府からの強い要請を受けて進めている。ベトナムにとってこのプロジェクトは不可欠なものになっている。日本政府やベトナム政府がやめるならわかるが、コーディネートをしている立場の当社がやめるというわけにはいかない。

石炭をできるだけ使わないようにするという方向性には大賛成だ。ただ、一足飛びにすべてをなくすことは難しい。社会的価値に反しない中で、どう移行するかという問題だ。

――約20年ぶりとなる人事制度改革を打ち出しました。

事業投資先の最高経営責任者（CEO）などに、若手を登用するようにした。例えばこれまでなら50歳前後が就くポジションであっても、能力があれば30～40代でも就けるようにした。人によっては年収が従来よりかなり上がることになる。

一方で、デジタル化が進み、社内の業務プロセスが中抜きされる可能性が高まる。中抜きされる業務を担っていた人に対して、より活躍できる仕事の割り振り方を考えることも重要な経営課題だ。

垣内威彦（かきうち・たけひこ）

1955年生まれ。79年京大経済学部卒、三菱商事入社。一貫して飼料畜産・食糧の営業畑を歩む。2016年4月から現職。

【三菱UFJFG】異例人事続くメガバンク

「もう1年待ってもよかったのではないか」「持ち株会社の社長に昇格するなら頭取からだと思っていた」（三菱UFJ銀行行員）。社長交代の発表を受け、行内からはそんな声が漏れた。

三菱UFJフィナンシャル・グループ（FG）は2020年4月1日付で亀澤宏規副社長が社長に昇格する人事を発表した。三菱UFJのデジタル化を担っており、メガバンク初の理系出身トップである。現在社長を務める三毛兼承氏はわずか1年で持ち株会社の社長を退き、兼任する三菱UFJ銀行頭取の業務に専念する。

亀澤氏は入行年次が三毛氏よりも7年下に当たる。持ち株会社社長と頭取の年次が逆転するのは、今までに例がない。

三菱ＵＦＪの人事といえば、早くから将来のトップ候補を絞って、帝王学を学ばせることで有名だ。周囲の行員から見ても「トップ候補たちは、若い頃から守られている」（三菱ＵＦＪ銀行の行員）という。経歴に傷がつかないように「在籍する部署で問題や損失があった際、将来のトップ候補の異動を待って、その後に表面化させる」（同）ほどの徹底ぶりだという。

亀澤氏の昇格も例に漏れず、周囲からは既定路線とみられていた。明確に次期トップ候補と誰もが認識したのは２０１９年、三毛氏が社長に就任したときだ。３年ぶりに持ち株会社の副社長のポジションを復活し、「経験を積ませる」として、亀澤氏を充てた。

次の次までわかる

〝三菱ＵＦＪ流〟人事には関係者から「次の次のトップまでわかる」と言われるほどの暗黙のルールが多数存在している。三菱ＵＦＪ銀行の頭取には、東京大学か京都大学の出身者を充てる、任期は4年間などだ。さらにその頭取が任期の途中から持ち株会社の社長を兼務するというのがいわゆる「王道ルート」（別の行員）だ。

亀澤氏は東大（理学系修士課程修了）出身だが、頭取の経験はない。従来の暗黙のルールにのっとれば、三毛氏が頭取4年の任期を満了する21年4月に亀澤氏が頭取就任、数年後に持ち株会社社長になるというのが当初の構想だったはずだ。

ところが三毛氏の強い要望で社長交代は実現した。三毛氏は会見で「（持ち株会社と事業子会社のトップを兼務するのは）ガバナンス上望ましくない」と指摘。ほかの2メガはすでに兼務を解消している中、三菱ＵＦＪだけはあえて三毛氏に権力を集中させ、構造改革を加速するとしてきた。就任から1年を経て、構造改革に一定のメドが立ったとし、亀澤氏にも「十分な力量はある」（三毛氏）と今回の異例人事に至ったのだという。

三菱ＵＦＪでは亀澤氏の例以外にも、掟破りが相次いでいる。

きっかけとなったのは、２０１６年に頭取に就任した小山田隆氏だろう。東大出身、企画畑で、当初から社長候補と目されていた人物だったが、1年で退任してしまった。

緊急登板という形で頭取に就任したのが小山田氏と同期の三毛氏だった。初の慶応大学出身者で、米ユニオン・バンクと三菱ＵＦＪ銀行の米州事業の統合や、タイのアユタヤ銀行買収を主導した国際畑。ただ、三毛氏の場合、銀行では副頭取だった。「副頭取は証券など子会社社長が指定席。持ち株会社トップ候補とはこれまで考えられてこなかった」（関係者）。

合併以来続いてきた出身行によるポスト配分にも手をつけた。旧三和銀行出身者が長らく務めてきた、持ち株会社会長のポストに平野信行氏が就いたのだ。会長職は持ち株会社の取締役会議長を担う。

■異例が続出 ―近年のトップ人事―

	FG会長	FG社長	銀行頭取
2005年	玉越良介 三和 1970年・東大	畔柳信雄 三菱 65年・東大	―
06年			畔柳信雄 三菱 65年・東大
08年			永易克典 三菱 70年・東大
10年	沖原隆宗 三和 74年・慶応	永易克典 三菱 70年・東大	
12年			平野信行 三菱 74年・京大
13年	園 潔 三和 76年・九州大	平野信行 三菱 74年・京大	
16年			小山田 隆 三菱 79年・東大
17年			三毛兼承 三菱 79年・慶応
19年	平野信行 三菱 74年・京大	三毛兼承 三菱 79年・慶応	
20年		亀澤宏規 三菱 86年・東大	

異例①
慶応出身の頭取・FG社長が誕生

異例②
三菱出身者がFG会長に

異例③
FG社長が1年で交代

異例④
頭取未経験のFG社長が誕生

異例⑤
FG社長と頭取の入行年次が逆転

異例⑥
メガバンク初の理系出身社長に

(注)三和は三和銀行出身、三菱は三菱銀行出身、年は入行年次。FGは三菱UFJフィナンシャル・グループの略
(出所)発表資料を基に本誌作成

低調業績と戦略の限界

三菱ＵＦＪの業績は順調とはいえない。銀行グループの稼ぐ力を示す連結業務純益では、１８年度に三井住友に抜かれ、２位に転落してしまった。

とくに厳しいのが、中核である三菱ＵＦＪ銀行の業績だ。銀行ビジネスは、低金利環境が続き、国内の収益力が細っている。人口が減る中で、将来の成長も描きにくい。コスト改革を進めているが、三井住友と比べると遅れている印象だ。

銀行単体で経費率を比較すると、三菱ＵＦＪが７４・７％であるのに対し、三井住友は５８・２％と大きく水をあけられているほか、グループ全体の中長期的な目標である６０％にも程遠い。経費率とは粗利益に占める営業経費の比率だ。過剰な店舗や人員の削減に本腰を入れなければならない状況だ。

グループとしてはこれまで、国内ビジネスの縮小を海外ビジネスで補ってきた。ユニオン・バンクや、アユタヤ銀行など海外銀行を次々に買収、主に海外での規模拡大を続けてきた。しかし足元では外貨調達コストが上昇。規制対応のコストも重荷になりつつある。

２０１９年１２月には、同４月に子会社化したインドネシアのバンクダナモンの株価下落によって、2074億円の減損損失も計上した。12月30日時点で3950ルピアだった株価は、3月6日時点で3120ルピアと下落を続けている。規模による成長が頭打ちになった今、新たな収益柱の確立が急務だが、一朝一夕にはいかない。

亀澤氏は現在統括している「デジタル」を軸に、こうした課題に取り組んできた人物だ。デジタル店舗「MUFG NEXT」を開設し、顧客にインターネットバンキングへの移行を促したり、米国のアカマイ・テクノロジーズと共同で開発している決済ネットワークを立ち上げたりしてきた。三菱UFJは、東南アジアの配車アプリ「Grab」に783億円出資するなどデジタル分野での金融サービス拡大を模索している。

わずか1年での社長交代は、こうした戦略をより早めるためのものだろう。逆にいえば、三菱UFJがそれだけ追い込まれていることの表れかもしれない。他社からは「平野氏の権力は残ったままなのでは」「頭取経験のない亀澤氏が三毛氏にどこまで意見できるか」との指摘もある。異例ずくめの新社長は、行き詰まる金融グループの未来を変える役割を担っている。

（藤原宏成）

【三菱電機】自殺者を追い詰めた共通点

2019年8月、三菱電機の男性社員(20代)が自ら命を絶った。男性は同年4月に入社し、兵庫県尼崎市の生産技術センターに配属された新人だった。残されたメモにつづられていたのは、指導員から受けた暴言の数々だ。

「次、同じ質問して答えられんかったら殺すからな」「お前が飛び降りるのにちょうどいい窓あるで、死んどいた方がいいんちゃう?」

この指導員は同年12月、自殺教唆の疑いで書類送検された。遺族の代理人である嶋崎量弁護士は、「(企業のパワーハラスメント事案が)労働法違反ではなく自殺教唆という刑法犯で送検されるのは、他に類を見ない特殊なケースだ」と話す。

実は亡くなった男性が住んでいた兵庫県三田市内の同社の寮では、3年ほど前にも通信機製作所に勤務していた新入社員（当時25）が自殺している。遺書には上司や先輩から受けた嫌がらせやいじめの内容と、「私は三菱につぶされました」「家族との別れがつらいですが、○○（上司の名前）と一緒に働き続けるほうがツライので私は死を選びます」と記されていた。

この事件では遺族が損害賠償請求訴訟を起こし、19年6月に和解に至ったが、冒頭の自殺事件が起きたのはその2カ月後のことだった。同じ寮で2回目の自殺が起こり、「その悪質性から警察も無視できなかったのだろう」（嶋崎弁護士）とみられる。

三菱電機は12年以降、月100時間を超える残業などが原因で6人の労災認定者、5人の自殺者を出している（1人は子会社社員）。こうした事態に対し、三菱電機は「個別具体の話はできない」とする。しかし、これらの事件には、「個別の問題」とは言いがたい共通点がある。

同社社員の過労自殺が初めて明らかになったのは、14年に労災認定された大木雄一さん（享年28、仮名）のケースだ。名古屋製作所のシステムエンジニアだった大木さんは、担当していたプロジェクトの遅延に対応するため、月100時間を超える残業を続けていた。

後に弁護士らの調査によって、上司からは「納期を守らなければ会社から殺されるぞ」と言われていたことや、関連会社の設計リーダーからも長時間叱責を受けて鼻血を出してもやめてもらえなかったことなどが明らかになった。

責任感が強く愚痴を言うことがなかったという大木さんは、「上司は言わなければいけない立場だから仕方がない」と理解を示し、納期の遅れを取り戻そうと懸命に働いていた。だが、出荷前に上司は「次に納期に遅れたら殺す」と追い打ちをかけていた。

プロジェクト終了後も雑務や後輩の指導で過重労働が続いた大木さんは、うつ病を発症し自殺未遂を繰り返した。実家で療養中、28歳の若さで自ら死を選んだ。

「息子が亡くなって8年経ちますが、思い出さない日は一日もありません。第二、第三の息子を出さないために、企業風土を変えてほしい」。そう話す父親の思いに反し、その後も自殺者が続いた。

■ 5人の自殺者を出す ―三菱電機社員の自殺・労災の状況―

	発症・自殺の時期	所属	被災内容など
28歳 自殺 労災認定	2012年8月	名古屋製作所 FAシステム部 ネットワーク開発課	亡くなる数カ月前から月100時間超の残業 上司から「殺す」などの発言
40代 脳梗塞 労災認定	13年6月	三田製作所 (兵庫県三田市)	長時間労働 (裁量労働制)
30代(新入社員) 精神疾患 労災認定	14年4月	情報技術総合研究所 (神奈川県鎌倉市)	発症前約3カ月間の月100時間超の残業
40代 自殺 労災認定	16年2月	コミュニケーション・ネットワーク製作所 (兵庫県尼崎市)	亡くなる約4カ月前から月80時間前後の残業 (裁量労働制)
40代 くも膜下出血 労災認定	16年4月	本社 (千代田区)	長時間労働 (裁量労働制)
25歳(新入社員) 自殺 遺族が損害賠償請求	16年11月	通信機製作所 情報技術部 ソフトウェア製造技術課 (兵庫県尼崎市)	上司や先輩によるいじめ、嫌がらせ
40代 自殺 労災認定	17年12月	メルコセミコンダクタエンジニアリング(福岡市)/メルコパワーデバイス豊岡工場(兵庫県豊岡市)	月100時間超の残業 (裁量労働制)
20代(新入社員) 自殺 上司を書類送検	19年8月	生産技術センター (兵庫県尼崎市)	上司によるパワハラ、自殺教唆

(注)年齢は亡くなった当時、または労災認定時　(出所)取材、報道を基に本誌作成

度を越した〝指導〟が蔓延

社員を自殺まで追い詰めた要因の1つが、上司の暴言だ。「殺す」という直接的な暴言だけではない。多くの人の前で答えられない質問や人格否定を繰り返す行為が、被害者たちの残した記録からわかる。「部員の間で『説教部屋』と呼ばれる会議室があり、数時間にわたる叱責を受けた」など、長時間拘束する〝指導〟が複数の社員・元社員から聞かれた。

14年に適応障害を発症し労災認定された小山雄二さん（30代、仮名）は、「パワハラと長時間労働は表裏一体だった」と話す。

情報技術総合研究所（神奈川県鎌倉市）に勤務していた小山さんの上司は、「おまえの研究者生命を奪うことは簡単だぞ」などの暴言を日常的に繰り返していた。同じ部署にはメンタルヘルスを害し傷病休暇中や休職中の人が何人もいたという。さらに、上司は残業時間を月40時間以内に調整して申告するよう、部員に指示していた。小山さんの残業時間は最長月135時間に及んでいたが、長時間の申告をすれば上司に怒られるためサービス残業を続けた。

　三菱電機では長らく、自己申告の勤務記録と入退室記録に大きな差異があっても、「自己啓発時間」や「休憩時間」として扱い、放置していた。一連の問題を受け、ようやく同社は「17年から18年にかけ、入退室記録やパソコンのログオン・ログオフ時間と照合し、自己申告の勤務時間とずれがないか上司が確認するシステムを導入した」（広報部）。

　しかし、勤務時間の管理が徹底されても、パワハラ体質が払拭されたわけではない。指導員の嫌がらせが原因で辞職した元社員は、「『大して仕事を与えていないのに、なぜ残業しているのか』と責められた」と話す。

　パワハラだけが問題ではない。「失敗やミスを相談できる環境ではなく、前任者がミスを隠したまま異動、退職していた」（元社員）、「コンプライアンス違反の行為を先輩から引き継いでいた」（社員）、といった声も聞こえてくる。

　2020年2月、三菱電機は社内ネットワークが外部からのサイバー攻撃を受けた問題で、これまで流出していないと説明していた防衛に関する重要な情報が流出した可能性があると発表した。同じ日には、パワー半導体の一部製品の出荷検査不備も明るみになったが、顧客への報告が発覚から半年以上も遅れていることがわかった。

不祥事や対応の遅れは、パワハラに起因する失敗や不正の隠蔽体質と無関係ではないはずだ。

12年に亡くなった大木さんの父親は言う。「会社の方からは息子の開発した製品が海外で売れていると聞きました。うれしい反面、それで命を削ったんだよなと……」。

労災認定されたり亡くなったりした社員の多くは、製造業の根幹である研究開発や製造の現場にいた。こうした有為な人材を使い潰してきた企業体質に、経営陣は真剣に向き合わなければならない。


（井艸恵美、田中理瑛）

【三菱地所】「丸の内の大家」の危機感

三菱グループ金曜会世話人会13社のうちの1社で、御三家に次ぐ4番手とされる三菱地所。1890年に三菱が明治政府から東京・丸の内一帯の払い下げを受けたことが発祥だ。

通称「丸の内の大家さん」。今も「大丸有」（大手町、丸の内、有楽町）エリアに約30棟のビルを保有する。大企業の本社が集積し、賃料水準も日本屈指。盤石な収益基盤に対しては、同業他社からうらやむ声が上がる。

大型開発計画も進む。2027年度竣工予定の「東京駅前常盤橋プロジェクト」。3・1ヘクタールという広大な敷地に、超高層ビルのほか変電所や下水ポンプ所といったインフラ施設を整備する。高さ390メートルのB棟が27年度に竣工した暁には、晴れて「日本一高いビル」の称号を手にする。プロジェクトへの総投資額は1兆円を超える見通しだ。

だが、悩みもある。常盤橋プロジェクトのA棟が竣工する21年で大型のビル開発は一服する。27年度竣工の同B棟まで、大丸有以外のエリアを含めても、新規の大規模プロジェクトが少ない「空白期間」を迎える。

そんな端境期を狙って打ち出したのが、これまで開発に取り残されていた有楽町の再構築だ。1月下旬に発表した「丸の内NEXTステージ」では、常盤橋と並んで有楽町が重点更新エリアに設定されている。有楽町再開発のイメージでは、イベントホールやイノベーションを育む交流施設など、通常の賃貸ビルにはない機能が備わる。「単なる建て替え事業でなく、エリアをどう変えていくかを考えるのが三菱地所の使命だ」（吉田淳一社長）。

すでに20年2月、個人のビジネスアイデアの事業化を手助けするコミュニティースペース「SAAI（サイ）」を新有楽町ビルに開業させた。ここで評価された事業は、隣の有楽町ビルで実際に商品を試験的に販売したり、投資家などへプレゼンテーションしたりする機会を地所から与えられる。有望な事業に対しては「地所自身が出資する準備もある」（井上成・新事業創造部担当部長）。

「ハード」そのものであるビルの開発を推し進めてきた地所が、ここへきて「ソフト」に舵を切った背景には、収益柱であるオフィスビルをめぐる環境の激変がある。

ソフト勝負の時代

働き方改革に加え、新型コロナウイルスの蔓延によって図らずも脚光を浴びた「テレワーク」。オフィスに通勤する習慣が薄れていけば、オフィスビルの需要は縮小する。ビルの存在意義を死守するには、ビルへわざわざ足を運ぶと価値が生まれるといった仕掛けをつくる必要がある。そこで地所が目指したのが、人が集うことで新たなビジネスアイデアを創発できる場所づくりだった。

地所は2007年にベンチャー企業の育成施設を立ち上げた。現在では大手町ビルを中心に複数のオープンイノベーション拠点を運営する。18年3月には「大丸有に新たな選択肢を増やしたい」という理由で、米ウィーワークが運営するシェアオフィスを丸の内北口ビルディングのテナントとして受け入れた。こうしたベンチャー育成の延長線上に最近の有楽町での動きがある。

19年は三菱重工業が「丸の外」である品川から丸の内へ本社を戻した。こうした動きは「里帰り」と評されるが、当の地所関係者は「三菱グループのよしみというよりも、交通アクセスや商業・ビジネス支援機能が集積しているからだろう」と話す。

東京駅を挟んで大手町の反対側に位置する日本橋では19年、三井不動産が日本橋室町三井タワーを竣工させた。東急不動産は渋谷で、森ビルは六本木や虎ノ門に加え神谷町でも大型再開発を進める。他社との競争が強まる現在、三菱グループだから、とあぐらをかいている余裕はない。

（一井　純）

【ニコン】カメラ不振で営業赤字転落

三菱財閥4代目総帥、岩崎小彌太が出資して設立された光学機械の名門ニコンが岐路に立っている。

ニコンの2020年3月期売上高は前期比12%減の6200億円に落ち込む見通しだ。かつては1兆円を超えていたが、7年連続でじりじり減収している。最大の要因は主力であるカメラの不振だ。カメラを含む映像事業は通期で100億円の営業赤字に転落しそうだ。岡昌志CFOは「急速なカメラ市場の縮小が止まらない」と肩を落とす。

実際、デジタルカメラ市場はスマートフォンの普及に伴い、急激に市場縮小している。20年2月にカメラ映像機器工業会が発表した20年のデジカメ出荷見通しは前年比23％減の1167万台。ピーク時の10年に比べ10分の1以下まで縮小する。

さらにニコンにとって手痛いのはカメラのシェアまで奪われていることだ。キヤノンと2強を誇ってきた一眼レフカメラよりも小型化・軽量化に優れるミラーレスカメラを消費者が支持。ミラーレスで先行するソニーが躍進している。

ニコンは一眼レフとの自社競合を懸念し、ミラーレス進出に出遅れた。ミラーレス市場でのシェアは5％程度とされ、18年にはコンパクトデジカメの生産台数でもソニーに抜かれてしまった。

ただニコンも手をこまぬいていたわけではない。新たな成長領域として工作機械分野に進出。ニコンがこれまで培ってきた光学技術や計測技術は金属加工や工作機械分野にも応用可能だ。19年11月には工作機械最大手のDMG森精機と業務提携することで合意し、事業展開を本格化させている。

名門は、その真価を発揮できるか正念場を迎えている。


（劉　彦甫）

【キリン】「多角化」の行方に暗雲

「今まで一生懸命説明してきたつもりだが、投資家の理解を十分に得られなかった」。キリンホールディングス（ＨＤ）の磯崎功典社長は、２０２０年3月3日に開いた株主向け説明会でこう思いを吐露した。

キリンは磯崎社長が２０１５年に就任して以降、ブラジル事業からの撤退、国内ビールの立て直しなど事業整理を進めた。一段落した１９年から成長戦略として、医薬事業の強化に乗り出す。その一環で、１９年4月には子会社である協和キリン傘下の協和発酵バイオの株式９５％を取得し子会社化した。

こういった医薬事業強化に対する株主の反応は冷ややかだった。事業整理による採算改善で同社の株価は上昇したが、１８年4月の日中につけた３１９９円をピークに下降。19年8月6日に化粧品や健康食品を手がけるファンケルとの資本業務提携を発表した翌日には、株価が前日比5％減の2258円に下がった。現在も2000円前後で推移する。（20年3月現在）

この状況にしびれを切らしたのが、14年からキリンHDの株主で、現在発行済み株式の2％を保有する英国の投資会社、インディペンデント・フランチャイズ・パートナーズ（IFP）だ。キリンに医薬事業からの撤退とビール事業への専念、6000億円の自社株買いなどを求める。

キリンは2月にこれを全面的に拒否。3月27日の定時株主総会で、正面から迎え撃つ構えだ。

IFPの要求は長期的成長を無視するもので、支持は広がらないだろう。しかし、「意外と不満票は集まるのではないか」（みずほ証券・佐治広アナリスト）との見方も。IFPに一定の賛成票が集まれば、キリンの戦略に影響を与える可能性もある。

（兵頭輝夏）

三菱と大学の意外な関係

東京・武蔵野市。JR中央線の吉祥寺駅から徒歩15分ほどの住宅街に、大学、高校、中学校、小学校のすべてが1カ所にそろう「成蹊学園」がある。学園前を通る五日市街道から校舎近くまで続くケヤキ並木が環境省の「残したい〝日本の音風景100選〟」にも選ばれる緑豊かなキャンパスだ。

戦前の旧制高等学校時代は、成城や武蔵、甲南と並び、私立の7年制（尋常中4年、高等科3年）高等学校の1つとして富裕層の子が通う学校だった。現在、大学には経済、経営、法、文、理工の5学部がある。

教育関係者の間では、成蹊学園は「三菱系」と認知されている。なぜなら学園の創設に、岩崎彌太郎のおいで三菱財閥4代目総帥の岩崎小彌太が大きく関わっているからだ。成蹊学園の創設者は、大正自由教育の旗手といわれた中村春二。1906年に中村が学生塾・成蹊園を設立した際に、主に資金面で支援したのが、中学校の同窓だった小彌太と今村銀行（現在のみずほ銀行の一部）頭取の今村繁三だった。

三菱重鎮が理事長に

1912年に学校を開校。中村の死後は、小彌太が経営を担うようになり、25年には理事長に就任する。財政基盤の強化が目的で、「後援者が教育の実際に介入するのはよくない」（『成蹊学園百年史』）と述べていたが、三菱の支援は今なお続いている。歴代の理事長には三菱グループの重鎮が就任している。

62年に工学部（現在の理工学部）が設立された際も、「三菱諸会社に物心両面において特別な協力を懇請する」（『成蹊学園六十年史』）とし、研究所の利用や、研究員が教員として参加することを求めている。設立費用11億円のうち5億円を寄付金で賄うとし、うち3億円を三菱が用立てた。

「成蹊学園の建物の多くは三菱地所設計が設計を担っている」と語るのは、成蹊大の事情に詳しい教育業界関係者。成蹊学園は三菱グループのメンバーには名を連ねていないが、三菱倉庫系企業が母体となっている三菱健康保険組合に加入しているなど、グループに近い存在となっている。

では学生は就職などで「三菱系」のメリットを享受できるのか？ 前出の教育業界関係者は、「20年以上前は有力な教授が三菱商事への推薦枠を持っていたが、今はないようだ」と語る。

ただ、三菱系企業への就職者は多い。2019年卒業生の就職先を見ると、三菱UFJ銀行が23人（男子5人、女子18人）と、みずほフィナンシャルグループの9人、三井住友銀行の4人と比べ、随分と多い。成蹊大の企業別就職先でもトップの数字だ。このほか三菱電機に12人、三菱電機ビルテクノサービスに12人など、三菱の名前を冠する会社に大学院合わせて1800人強の卒業生のうち100人以上が就職している。推薦制度がなくても、OGやOBが多く就職しており、そうした実績が評価されて採用数が多くなっているものと思われる。

13年の春から大学3年生、大学院1年生を対象に行われている産学連携の人材育成プログラム「丸の内ビジネス研修（MBT）」も、協力企業のほとんどが三菱グループで、つながりがうかがえる。「成績優秀者は、企業から声をかけられているようだ」（前出の教育業界関係者）という。

■歴代理事長は三菱グループの重鎮が務める ―成蹊学園の歴代理事長―

理事長名	経歴	在職期間
岩崎小彌太	三菱財閥4代目総帥	1925年11月～1945年12月
山室宗文	三菱信託社長・会長、三菱地所会長	1945年12月～1947年 2月
石黒俊夫	三菱地所会長	1947年 2月～1964年 6月
岡野保次郎	（理事長職務代行）三菱日本重工業社長	1964年 6月～1964年 9月
小笠原光雄	三菱銀行頭取	1964年 9月～1978年 3月
古賀繁一	三菱重工業社長・会長	1978年 4月～1992年12月
三橋啓了	（理事長職代行）工学部教授・専務理事	1992年12月～1993年 2月
飯田庸太郎	三菱重工業社長・会長	1993年 2月～2002年 2月
岸 暁	東京三菱銀行頭取・会長	2002年 2月～2009年 3月
佃 和夫	三菱重工業社長・会長	2009年 3月～

(注)山室宗文、石黒俊夫両理事長の在職期間には、理事長事務取扱期間を含む

本館前の庭園に立つ、岩崎小彌太元理事長の記念レリーフ。創立50周年の際に制作された

福澤諭吉門下生が三菱へ

開塾160年を超える慶応大学も三菱との関係が深い。

「福澤諭吉は、実業会社で活躍する人材の育成に力を入れており、三菱や三井はまさにうってつけの就職先だった」（慶応大学名誉教授で、福澤諭吉協会常務理事の坂井達朗氏）

土佐藩重臣で彌太郎に目をかけていた後藤象二郎と親交があったことも影響しているが、彌太郎のいとこに当たる豊川良平が慶応に入塾し、多くの門下生を三菱にスカウトしている。中でも、後に三菱の大番頭となる荘田平五郎を三菱に引き入れたことが大きかった。荘田は西洋式の複式簿記を取り入れるなど経営の近代化を推し進めた。

さらに、三菱が1878年に設立した三菱商業学校でも、慶応義塾の門下生が多く教壇に立ったといわれている。学校自体は6年で廃校になったが、「慶応義塾の人材面での支援は大きかった」（坂井氏）。

三菱は慶応義塾に対し、資金面で支援した。福澤は、議会政治の浸透には演説能力を磨くことが不可欠と考え、三田演説館を建設しているが、東京・木挽町にも明治会堂という施設を造っている。「その建設費の多くを出したのが彌太郎だった」(坂井氏)。

荘田や同じく門下生で明治生命保険創立者の阿部泰蔵らが、慶応義塾の最高意思決定機関である評議員会の要職を務めており、『慶応義塾百年史』の中には両者が「財政の基礎を確立することに尽力した」との記述がある。現在、三菱グループと慶応義塾の間に際立った関係性はないが、「三菱系の会社は採用の際、慶応の卒業生に一目置く」という話がある。それは、こうした三菱と慶応との歴史的経緯に由来しているのだろう。

船員養成を目的に設立

東京海洋大学は、国内唯一の海洋系大学として知られる国立大学だ。2003年に東京商船大学と東京水産大学が合併して現在に至るが、旧東京商船大学(現在の海洋工学部)は、1875年設立の「三菱商船学校」が起源となっている。

明治期には商船の乗組員は外国人がほとんどで、日本人船乗りの育成が急務だった。

そこで、政府は海運事業を展開していた三菱(郵便汽船三菱会社)に海員育成の命令書を出した。船を動かす船員を養成する運用科と、エンジニアを養成する機関科で構成される船員養成学校が誕生する。

設立の際には、政府が船を払い下げ、学校経営のために年1万5000円（現在の価値にして10億円程度）の助成金が出た。しかしそれでは足りず「残りは三菱からの補填で賄われていた」と、同大学の稲石正明教授は指摘する。

しかしライバル会社の出現などで三菱の経営が逼迫すると、支援金が止まってしまった。高額の報酬を支払っていた外国人教員ラムゼーを退職させるなど、経費を切り詰め、何とか政府の助成金だけで運営を続けていた。

だが万策尽き、さらに私立学校だと兵役が免除されない点も考慮して、1882年に官立学校への移行を決めた。

「その際、奨学金を得て入った卒業生を三菱の船会社である日本郵船に入れる校則を定め、安定的に人材を確保できる仕組みをつくっている」（稲石教授）。この校則は昔の話だが、今でも例年5人前後が日本郵船に就職している。

「日本郵船の宮原耕治元会長は、海運業界の代表として理事を務めているが、『うち

の学校は』と言う。三菱がつくった学校という意識があると思う」（大学関係者）
今でも、三菱グループ各社からの寄付は多いという。海洋工学部内に立つ百周年記念資料館や明治丸記念館の寄付者名簿には、三菱グループ各社やその経営者の名前が並ぶ。三菱が海運人材の育成をリードしてきたという自負が、大学支援の形で表れているのかもしれない。

（宇都宮　徹）

三菱が創設 東京海洋大学

東京海洋大学の越中島キャンパス(上)。三菱商船学校をルーツとする海洋工学部のキャンパスとして使われている。ラムゼー功徳碑(下)

撮影：梅谷秀司

■「三菱商船学校」が東京海洋大学のルーツ

	三菱商船学校	三菱商業学校
1875(明治8)年	三菱商船学校設立	
1878(明治11)年		三菱商業学校設立
1881(明治14)年		明治義塾と改名
1882(明治15)年	官立東京商船学校に改組	
1884(明治17)年		廃校
1925(大正14)年	東京高等商船学校に改称	
1945(昭和20)年	高等商船学校設立	
1949(昭和24)年	商船大学設置	
1957(昭和32)年	東京商船大学に改称	
2003(平成15)年	東京水産大学と統合、東京海洋大学が誕生	

三菱を牛耳る? 三田会の巨大パワー

慶応義塾の卒業生が集まる三田会。企業ごと、地域ごとに支部を持つ、日本最強の大学同窓会である。三菱グループ各社では東京海上日動火災保険、三菱商事、三菱UFJフィナンシャル・グループ各行の会員数は1000人規模にもなる。

慶応は早稲田大学や東大などのほかの大学に比べ、卒業生の結束が固いことで知られる。三菱商事の慶応OBが教えてくれた。

「入社すると、三田会への勧誘メールが同期から回ってきた。体育会出身者が中心になって幹事業務を担い、総会の案内などが毎回届く仕組みになっている。東大卒の上司たちが『今の三田会は勢いがあるな』なんて話しているのも聞いたことがある」

どんな活動をしているのか。本誌では会員数の多い東京海上、三菱商事、三菱UF

J銀行、三菱地所の三田会に取材を申し込んだが、いずれも「お断りさせてほしい」とのことだった。

理由は、「社内公認の組織ではないため、マスコミに取り上げられるのはふさわしくない」「就職や入社後の昇給で慶応が有利というような誤解を与えかねない」「取材に協力できるような活動実績が伴っていない」とのことだ。

三田会の会合には、リーダー部（応援団）とチアリーディング部、吹奏楽団からなる「応援指導部」の現役生が赴き、会場を盛り上げるのが定番だ。同部の学生によると、「商社、メーカーなどさまざまな企業の三田会に毎週呼ばれる。大阪や広島といった遠方に加え、東南アジアのような海外の三田会に行ったこともある。『チャンスパターン』と呼ばれる定番の応援曲に合わせて参加者と一緒になって踊ったり、『若き血』を全員で歌ったりする」。

慶応の名の下に年齢、役職を超えた多くの社員が集まる結果、三菱内での採用、出世力では慶応が他大学に勝っている。

一方、慶応のライバルである早稲田。卒業生組織の稲門会を三菱系企業で確認できたのは9団体だった。群れない早稲田OB・OGの習性は三菱系企業でも変わらず、多くの卒業生が在籍する三菱商事にも稲門会は存在しないようだ。

（林　哲矢）

三菱系企業の三田会 ― 結束が慶応閥を生む

東京海上日動三田会　1500人
三菱商事三田会　1100人
三菱東京UFJ銀行三田会　1000人
三菱UFJ信託銀行三田会　951人
三菱電機三田会　736人
明治安田生命三田会　559人
JX三田会　455人
三菱地所三田会　273人

郵船三田会　１５３人
三菱マテリアル三田会　１１２人
協和発酵キリン三田会　１００人
三菱倉庫三田会　９０人
キリンビール三田会　５０人
三菱重工高砂三田会　５０人
三菱重工業長崎造船所三田会　４２人
三菱製紙三田会　２４人
三菱重工業広島三田会　２０人
三菱製鋼三田会　７人
三菱電線工業三田会　５人

（注）会員数は２０１８年１２月時点
（出所）慶応連合三田会ＨＰのデータを基に作成

三菱系企業の稲門会　―　稲門会は一部の企業に限られている

東京海上火災稲門会
明治安田生命稲門会
三菱ＵＦＪ信託銀行稲門会
キリンビール稲門会
三菱電機首都圏地区稲門会
ピーエス三菱稲門会
三菱重工汎・特事業本部稲門会
三菱三原稲門会
若穂会（三菱電線工業）

（出所）早稲田大学校友会のＨＰを基に本誌作成

INTERVIEW

経営学から見た三菱の未来

早稲田大学ビジネススクール教授・入山章栄

三菱グループの強さはどこから生まれたのか。「成功の方程式」は今後も有効であり続けるのか。三菱グループでの勤務経験もある経営学者、入山章栄氏が分析する。

――経営学から見て、三菱のような企業グループにはどのような利点がありますか。

企業グループの研究で有名なのが、米ハーバード大学のタルン・カーナとクリシュナ・パレプによる「取引費用理論」による説明だ。同理論では、新興市場で単一の事業だけを展開するのは非効率だ。自分たちでカバーできない川上や川下の領域を手がけるには、他社と手を組む必要があり、市場取引が発生するからだ。

市場取引を効率的に行ううえでは、行政・司法のインフラが整備されていることが大前提だ。これらが未整備な新興国で現地パートナーと争いにでもなれば、裁判の結審まで時間を要し、「袖の下」を使った相手が有利になることもある。取引費用が高くつくのだ。取引費用を効率化するためには、A社とB社を1企業の傘下に入れて、企業内取引にするのが有効だ。インドのタタ・グループ、インドネシアのサリム・グループなど、新興国で今も財閥が力を持っているのはそのためだ。

――三菱財閥もまさに、制度インフラが未整備だった明治期に誕生しました。

だから機能した。ただ、現在の企業グループと当時の財閥とは構造がやや異なる。財閥では、組織が明確なピラミッド構造を成し、頂点に三菱本社などの「財閥トップ」が持ち株会社として位置する。その下に、業種の異なる子会社やその関連会社がぶら下がる。財閥トップはベンチャーキャピタリストのような役割を果たしていた。例えば、鉄道の事業を新しく起こす場合、財閥のトップが、石炭で儲けた利益を鉄道に投資する。この仕組みがうまく機能し、近代日本の経済は飛躍的に発展した。

――財閥が解体した今も、グループ内の結束力が強い印象です。

金曜会の存在が大きい。表向きは「懇親会」と位置づけられているが、ピラミッド型のヒエラルキーがしっかりとある。三菱重工業、三菱商事、三菱ＵＦＪ銀行を中心にうまく運営してきた。トップ人事や不祥事対応など、グループ企業の重要な意思決定においては、個別企業の決定に、グループ内での調整が入り、最終的には金曜会で議案を通しているともいわれる。

海外でインフラ事業をやるならば、金曜会企業での調整の下、例えば三菱商事が現地企業との合弁に入り、三菱重工がプラントを造り、三菱ＵＦＪ銀行が融資をする、といった方法を取るのだろう。グループの強みと各社の努力との複合型を「勝ちパターン」としてきたのだ。ピラミッドの頂点に近い企業ほど、金曜会の影響は強いのではないか。

――投資家からは「なれ合い」との批判もあります。

三菱グループは、今も多くの会社で株式の持ち合いが残っており、外国人投資家から厳しい指摘を受けることは少ない。だから令和まで、古くドメスティックなシステムで生き残れた。これはトヨタ自動車にも通じるが、同社は創業家トップを頂点としたトップダウンで、リスクを取って革新を急いでいる。対して三菱は意思決定が遅く、リスクを取らない傾向がある。

——三菱自動車や三菱重工業など、苦境に陥る企業も出てきました。

今の三菱で勝っているのは、まだ本当のグローバル競争とデジタル競争にさらされていない分野だ。三菱自動車の場合、まさにこの競争の中で敗北した。米アマゾンのようなＩＴプラットフォーマーは、今後さらに多分野に入っていく。そのとき、いかにデジタルをビジネスに取り込み、攻めの投資ができるかが各社に問われている。

「非中核企業」に勝機

——三菱はあとどれくらい、競争力を保てますか。

難しい質問だ。当面は今の勝ちパターンで大丈夫かもしれないが、長い目で見ると厳しくなっていく。それはコアの3社ほど深刻だ。三菱商事は商社の中で最も変化を遂げている会社だが、商社というビジネスモデル自体が、基本的に日本のものだ。三菱重工はMRJ（現スペースジェット）をオールジャパンでやろうとし、失敗した。三菱UFJ銀行は利益率でグローバルでの勝負はできない。

むしろ、キリン、三菱ケミカル、三菱地所といった非中核企業のほうが、自由に動けている。とくに三菱地所は、内側から見ると、とても元気。三菱のブランドやリソースを活用しながら、新しい挑戦ができている。各社異なる課題にどれだけ対応できるかが重要だ。

——すると、今後グループでまとまる意味はあるのでしょうか。

最近、経営理念の「三綱領」をグループ内で読み直していると聞く。三菱の存在意義を打ち出し、それをアップデートしていく必要がある。旧来型の企業グループの存在意義はなくなっている。生き残るために、新しい価値創造が求められていることは間違いない。

――新しい価値創造とは、例えば何が考えられますか。

1つは、グループでベンチャーキャピタルファンドを創設し、さまざまなリソースを活用すること。2つ目は、三菱グループでトヨタのようにスマートシティーをつくることだ。必要な機能はすべてグループ内でカバーできるはず。私は三菱重工がスマートシティーを造るべきだと思う。必要な要素はほぼ持っている。足りない部分は、三菱地所の手を借りればいい。

――ソフトバンクは、新たな企業グループにも見えます。

そこが面白い。今、古い企業グループの分割と、ソフトバンクのような「企業グループ的なもの」の台頭が2つの大きな流れだ。取引費用が下がった今、古い企業は単体で展開したほうが価値は上がる。逆にデジタル時代の新しい企業グループは、サービスの基盤を提供する「プラットフォーマー」が勝つ。1つのプラットフォームにいくつもの会社が乗り、シナジーも起きる。IoT自動車プラットフォームなら、ARMの半導体を載せ、ウーバーやDiDiで走らせる。今までとまったく違う企業グループだと理解すべきだ。

（聞き手・印南志帆）

入山章栄（いりやま・あきえ）

1972年生まれ。慶応大院修了後、三菱総合研究所で自動車業界など担当。2008年に米ピッツバーグ大学経営大学院で博士号。米ニューヨーク州立大学バッファロー校助教授。13年から現職。

【週刊東洋経済】

本書は、東洋経済新報社『週刊東洋経済』2020年3月21日号より抜粋、加筆修正のうえ制作しています。この記事が完全収録された底本をはじめ、雑誌バックナンバーは小社ホームページからもお求めいただけます。

小社では、『週刊東洋経済eビジネス新書』シリーズをはじめ、このほかにも多数の電子書籍ラインナップをそろえております。ぜひストアにて「東洋経済」で検索してみてください。

『週刊東洋経済eビジネス新書』シリーズ

No.317　沸騰！再開発最前線
No.318　ソニーに学べ
No.319　老後資金の設計書
No.320　子ども本位の中高一貫校選び
No.321　定年後も稼ぐ力

No.336　検証！　ＮＨＫの正体
No.337　強い理系大学
No.338　世界史&宗教のツボ
No.339　ＭＡＲＣＨ大解剖
No.340　病院が壊れる
No.341　就職氷河期を救え！
No.342　衝撃！　住めない街
No.343　クスリの罠・医療の闇
No.344　船・港　海の経済学
No.345　資産運用マニュアル
No.346　マンションのリアル

週刊東洋経済eビジネス新書　No.347
三菱今昔　150年目の名門財閥

【本誌（底本）】
編集局　林　哲矢、印南志帆
デザイン　熊谷真美、藤本麻衣
進行管理　三隅多香子
発行日　2020年3月21日

【電子版】
編集制作　塚田由紀夫、長谷川　隆
デザイン　市川和代
表紙写真　今井康一
制作協力　丸井工文社

発行日　２０２０年１１月９日　Ver.1

発行所　〒１０３‐８３４５
東京都中央区日本橋本石町１‐２‐１
東洋経済新報社
電話　東洋経済コールセンター
０３（６３８６）１０４０
https://toyokeizai.net/

発行人　駒橋憲一

電子書籍化に際しては、仕様上の都合などにより適宜編集を加えています。登場人物に関する情報、価格、為替レートなどは、特に記載のない限り底本編集当時のものです。一部の漢字を簡易慣用字体やかなで表記している場合があります。本書は縦書きでレイアウトしています。ご覧になる機種により表示に差が生

※本刊行物は、電子書籍版に基づいてプリントオンデマンド版として作成されたものです。